SCHÄFFER
POESCHEL

Norbert Häring

Stimmt es, dass ...?

Respektlose Fragen zu Wirtschaftsordnung und Wirtschaftskrise

2012
Schäffer-Poeschel Verlag Stuttgart

Gedruckt auf chlorfrei gebleichtem, säurefreiem und alterungsbeständigem Papier

Bibliografische Information Der Deutschen Nationalbibliothek
Die Deutsche Nationalbibliothek verzeichnet diese Publikation in der Deutschen Nationalbibliografie; detaillierte bibliografische Daten sind im Internet über http://dnb.d-nb.de abrufbar.

ISBN 978-3-7910-3269-6

www.schaeffer-poeschel.de
info@schaeffer-poeschel.de

Einbandgestaltung: Jessica Joos
Satz: Johanna Boy, Brennberg
Druck und Bindung: C.H. Beck, Nördlingen

Printed in Germany
November 2012

Schäffer-Poeschel Verlag Stuttgart
Ein Tochterunternehmen der Verlagsgruppe Handelsblatt

Vorwort

Manche Frage scheint so naiv, dass man sie bei Strafe des Respektverlusts nicht zu stellen wagt, wie die Frage danach, was denn ein Wachstumspotenzial eigentlich ist, oder was das Bruttoinlandsprodukt misst. Es gibt auch Fragen, die man nicht stellt, weil man eine unverständliche Antwort fürchtet. Andere Fragen wiederum soll man nicht stellen, weil die Antwort einflussreichen Menschen nicht behagt, wie etwa die Frage danach, ob es eine Alternative zu unserem krisenanfälligen Geldsystem gibt. Bei manchen Fragen besteht der Skandal darin, dass es keine eindeutige Antwort gibt, etwa bei der Frage danach, wem die Goldreserven der Notenbanken gehören und ob es sie überhaupt gibt. Es gibt Fragen, die zu stellen der Respekt vor »dem schwachen Geschlecht« verbietet, wie etwa die Frage, ob eine Frauenquote ungeeignete Kandidatinnen nach oben spült. Solche Fragen stelle und beantworte ich in diesem Buch.

Es basiert auf der Kolumne »Stimmt es, dass …«, die seit Februar 2012 täglich im Handelsblatt erscheint. Ich habe die Kolumnen nach Themen sortiert, aktualisiert, um Aspekte ergänzt, die sich aus der Diskussion mit vielen engagierten Lesern ergaben, und wo nötig korrigiert. Die Antworten sind kurz und sollen auch für ökonomische Laien leicht verständlich sein. Fachbegriffe werden vermieden oder erklärt.

Auch wenn ich mich bemüht habe, Wirkungszusammenhänge möglichst objektiv darzustellen, so bin ich mir bewusst, und sollten Sie sich als Leser darüber klar sein, dass die Auswahl der Fragen und der Aspekte, die ich für die Beantwortung als wichtig herangezogen habe, unvermeidlich von meinen Werturteilen geprägt sind. In der Ökonomie gibt es selten ein einfaches Richtig oder Falsch, Besser oder Schlechter. Ohne eine Antwort auf die Frage, um wessen Wohl es gehen soll und in was für einer Welt wir leben wollen, lässt sich die Frage nach der ökonomisch besten

Lösung nicht beantworten. Wer behauptet, die ökonomische Vernunft gebiete dieses oder jenes, der weiß nicht, wovon er redet oder will manipulieren.

Mein Dank gilt den vielen Handelsblatt-Lesern, Freunden und Bekannten, die mir mit ihren Fragen und Kommentaren die Anregungen zu diesen Texten gegeben haben. Mein Dank gilt auch Handelsblatt-Chefredakteur Gabor Steingart, von dem die Anregung zu dieser täglichen Kolumne kam, sowie meinem Lektor Frank Katzenmayer für seine gewohnt professionelle Arbeit mit meinem gewohnt unvollkommenen Manuskript und meinem Handelsblatt-Kollegen Uwe Berghausen, der viele der Kolumnen redigierte und als Leseranwalt immer wieder unbequeme Fragen an den Autor stellte.

Frankfurt, im Oktober 2012 Norbert Häring

Inhaltsverzeichnis

Der Autor

Norbert Häring ist seit 1997 Wirtschaftsjournalist bei überregionalen Zeitungen und Autor populärer Wirtschaftsbücher. Der promovierte Volkswirt war zuvor auch als Bankanalyst und Redenschreiber tätig. Er ist Gründungsmitglied und Co-Direktor der Ökonomenvereinigung World Economics Association mit über 10000 Mitgliedern weltweit, sowie Mitherausgeber der Fachzeitschrift *World Economic Review*. Sein preisgekrönter Wirtschaftsbestseller *Ökonomie 2.0* (mit Olaf Storbeck) wurde in vier Sprachen übersetzt. Er ist beim Handelsblatt verantwortlich für die wirtschaftswissenschaftliche Berichterstattung.

Norbert Häring lebt mit seiner Familie in Frankfurt am Main. Er spielt gern Volleyball, ist passionierter Backgammon-Spieler und geht, so oft Zeit und Wind es erlauben, Windsurfen.

Weitere Bücher von Norbert Häring:

Ökonomie 2.0 – 99 überraschende Erkenntnisse (2007), mit Olaf Storbeck, Schäffer-Poeschel Verlag

Markt und Macht – Was Sie schon immer über die Wirtschaft wissen wollten, aber bisher nicht erfahren sollten (2010), Schäffer-Poeschel Verlag

So funktioniert die Wirtschaft (2012), Haufe-Lexware

Economists and the Powerful – Convenient theories, distorted facts, ample rewards (2012), mit Niall Douglas, Anthem

Teil 1: Die Ordnung der Wirtschaft

Wachstum, Leben, Umwelt

Stimmt es, dass Geld uns nicht glücklich macht?

Zu den populärsten Neuentwicklungen der letzten Jahre gehört in der Volkswirtschaftslehre die Glücksökonomie. Das wichtigste Ergebnis dieses Forschungszweigs lautet in der Kurzfassung, dass Geld nicht glücklich macht. Der konservative britische Premierminister David Cameron hat seine Schlüsse gezogen und will künftig weniger auf ein ständig steigendes Bruttoinlandsprodukt achten und dafür stärker die Lebenszufriedenheit der Briten zum Ziel erheben.

Dass sich die Glücksökonomie als Forschungsdisziplin formiert hat, beruht auf der Wiederentdeckung des sogenannten Easterlin-Paradoxons, das der gleichnamige Wirtschaftsforscher schon 1974 beschrieb. Es besagt, dass zwar die Menschen zufriedener mit ihrem Leben sind, wenn sie mehr Geld verdienen, dass aber ihre Lebenszufriedenheit langfristig kaum mit der Wirtschaftskraft zunimmt. Dies hatte ein Vergleich einzelner Länder ergeben und galt für den Fall, dass ein mittleres Wohlstandsniveau einmal erreicht ist.

Daraus haben die Glückökonomen geschlossen, dass Menschen Geld nicht deshalb schätzen, weil sie damit konsumieren können, sondern weil es sie in der sozialen Rangordnung von anderen abhebt. Weil der soziale Aufstieg des einen den relativen Abstieg des anderen bedeutet, könnte das erklären, warum höhere Einkommen die allgemeine Zufriedenheit kaum erhöhen.

Allerdings haben neuere Forschungen durchaus einen positiven Zusammenhang zwischen Volkseinkommen und Zufriedenheit festgestellt – jedenfalls bezogen auf die prozentuale Steigerung des Einkommens.

Wo also das Durchschnittseinkommen schon 30000 Euro beträgt, sind 3000 Euro mehr für einen bestimmten Zugewinn an durchschnittlicher Lebenszufriedenheit der Bürger nötig, während in einem Land mit 10 000 Euro Durchschnittseinkommen bereits 1000 Euro den gleichen Effekt haben. Das bedeutet, Umverteilung – wenn sie zu geringen Kosten möglich ist – kann die durchschnittliche Lebenszufriedenheit steigern. Es bedeutet aber auch, dass es sich sehr lohnt, an einer Steigerung der wirtschaftlichen Leistungskraft zu arbeiten.

Sehr langfristig gilt allerdings Easterlins Feststellung, dass Einkommenswachstum nicht zu größerer allgemeiner Zufriedenheit führt. Aber das heißt nichts. Das muss sogar so sein, denn die Zufriedenheit wird auf einer festen Skala beispielsweise von eins bis zehn gemessen. Also müssen die Menschen mit steigendem Einkommen ihre Ansprüche nach oben schrauben, um in der Skala zu bleiben. Fazit: Mehr Geld steigert in der Regel durchaus die Lebenszufriedenheit.

Richtet ungezügeltes Wirtschaftswachstum die Erde zugrunde?

Die Erderwärmung scheint zu belegen, dass die »Grenzen des Wachstums« sehr nahe gerückt sind, vor denen der Club of Rome vor 40 Jahren zum ersten Mal gewarnt hatte. Doch das stimmt so nicht. Denn Wirtschaftswachstum ist nicht mit größerem Warenkonsum gleichzusetzen. In der Tat sind Konsumgüter, wenn man alle Produktionsstufen einschließlich Transport zusammenrechnet, energieintensiv und damit klimaschädlich. Weil der Ausstoß von Treibhausgasen eng mit der Verbrennung fossiler Energieträger zusammenhängt, ist es schlecht für das Klima, wenn immer mehr Waren produziert und verbraucht werden.

Im Gegensatz dazu verursacht der Konsum von Dienstleistungen zumeist nur geringe Umweltprobleme. Sofern Wachstum also im Mehrkonsum von Dienstleistungen besteht, stellt es ökologisch kaum ein Problem dar.

Selbst beim Warenkonsum kommt es sehr auf das Detail an. Beim Bruttoinlandsprodukt wird nicht unterschieden, ob wir in zehn Jahren zwei schlecht zusammengebaute Autos mit hohem Spritverbrauch verschleißen oder ein gutes mit niedrigem Verbrauch, das doppelt so teuer ist. Für die Ökobilanz ist der Unterschied dagegen sehr groß.

Um Wirtschaftswachstum und Ökologie auch buchhalterisch in Einklang zu bringen, müsste Wachstum vernünftig definiert werden. Es dürfte nicht jede wirtschaftliche Aktivität positiv verbucht werden, egal ob sie Werte schafft, Werte vernichtet oder Schäden aus anderen Aktivitäten behebt. Die Aufräumarbeiten nach der Explosion der Ölplattform Deepwater Horizon dürfte man nur zur Wirtschaftsleistung rechnen, wenn man gleichzeitig die Schäden aus der Explosion abzieht. Dafür wäre eine umfassende Vermögensbilanz nötig.

Kein Unternehmen käme auf die Idee, eine Gewinn-und-Verlust-Rechnung ohne Vermögensbilanz zu präsentieren. Einnahmeüberschüsse, die durch Verzicht auf den Ersatz abgenutzter Maschinen oder durch Lagerabbau erzielt werden, sind keine Gewinne.

Auf gesamtwirtschaftlicher Ebene ist eine solche Vermögensbilanz, die immaterielle Werte wie die Umweltqualität mit einschließt, natürlich viel schwerer aufzustellen als auf Unternehmensebene. Aber dass es keine nennenswerten Fortschritte in dieser Richtung gibt, ist enttäuschend. Eine näherungsweise Integration von Ökobilanz und Wirtschaftsrechnung würde kostspielige Irrtümer vermeiden helfen, wie sie viele etwa in der teuren Solarförderung sehen.

Fazit: Nur das sehr unvollkommene statistische Konstrukt Bruttoinlandsprodukt richtet die Erde zugrunde, wenn es ungebremst weiterwächst, sinnvoll gemessenes Wachstum ist dagegen immer erstrebenswert.

Sind Amerikaner wirklich viel arbeitseifriger als Deutsche?

Die Arbeitnehmer in den USA haben im Durchschnitt zweieinhalb Wochen bezahlten Urlaub. In Deutschland sind es knapp sechs Wochen. Das ist erstaunlich, sind die Durchschnittseinkommen in den USA doch höher als bei uns. Normalerweise gönnen sich die Menschen mit zunehmendem Einkommen mehr Freizeit. Heißt das, die Deutschen und die übrigen Europäer sind faul? Das kann natürlich sein, aber es gibt auch eine andere, plausiblere Erklärungshypothese.

In den USA spielen kollektive Tarifverhandlungen eine viel geringere Rolle als bei uns, wo die meisten Arbeitnehmer von Manteltarifverträgen erfasst werden, die einen Urlaubsanspruch weit oberhalb des gesetzlichen Minimums von vier Wochen vorschreiben. Sind es also die Gewerkschaften, die die schweigende Mehrheit daran hindern, mehr zu arbeiten und dadurch ihr Einkommen zu steigern? Darauf deutet wenig hin. Eine Reduzierung der Urlaubsansprüche ist kein populäres Thema.

Viel eher scheint es so zu sein, dass die Amerikaner ihre eigenen Vorlieben für mehr Urlaub und Freizeit in individuellen Verhandlungen mit den Arbeitgebern nicht durchsetzen können. Das ist auch kein Wunder. Wen würden Sie einstellen, wenn Sie zwischen zwei ansonsten gleichwertigen Bewerbern entscheiden müssten? Den, der mehr Urlaub fordert und dafür mit einem geringeren Gehalt zufrieden ist, oder den, der sagt, er wolle lieber mehr arbeiten und mehr Geld verdienen?

Letzteres wirkt ehrgeizig und arbeitsam. Kluge Bewerber machen sich das zunutze und behalten ihre Vorliebe für mehr Urlaub für sich. Aus dem gleichen Grund ist es kein Wunder, dass es in den USA sehr wenig Sonderurlaub für Mütter nach der Geburt eines Kindes gibt. Denn eine Kandidatin, die anfängt, hierüber zu verhandeln, könnte auch gleich auf das Bewerbungsgespräch verzichten.

Fazit: Wenn eine Seite in Verhandlungen einen Anreiz hat, ihre wahren Vorlieben zu verbergen, kann in den Verhandlungen nichts herauskommen, was die Wünsche beider Seiten angemessen widerspiegelt. Überall, wo das eine wichtige Rolle spielt, können kollektive Verhandlungen überlegen sein. Unterschiede zwischen verschiedenen Arbeitnehmern können dabei zwar nicht ohne weiteres berücksichtigt werden. Aber wenigstens entwickelt sich das Ergebnis nicht weit weg von den vorherrschenden Vorlieben der Arbeitnehmer.

Steht die Waffenlobby zu Unrecht bei jedem Amoklauf im Fokus?

Der Amoklauf in einem Kino im US-Bundesstaat Colorado bei der Premiere eines Batman-Filmes war eine Tragödie, wie sie jedes Land treffen kann, die USA ebenso wie Norwegen oder Deutschland. Aber auch wenn sich solche Wahnsinnstaten nie ausschließen lassen, sind sie doch nicht unabwendbar wie Naturgewalten. Es gilt, die richtigen Schlüsse zu ziehen und Veränderungen einzuleiten, damit sie weniger häufig vorkommen.

In den USA, wo sich fast jeder legal beliebig viele, sogar halbautomatische Waffen kaufen kann, geraten die liberalen Waffengesetze und die Waffenlobby nach jedem Amoklauf in den Fokus. Doch, wie die Waffenlobby ebenso richtig wie engstirnig argumentiert: Waffen töten niemanden. Deshalb sollte sich das Interesse auch auf die psychisch Kranken richten, die solche Taten verüben. Wie geht eine Gesellschaft mit ihren psychisch Kranken um? Gibt es hinreichend Behandlungsmöglichkeiten? Was passiert, wenn jemand als schizophren oder paranoid auffällt?

In dieser Hinsicht haben viele Länder große Schwächen. In den USA und in Colorado sind sie besonders groß. Daran hat sich auch nach dem Schulmassaker von Columbine, Colorado im Jahr 1999 nichts geändert.

In Colorado und vielen anderen Bundesstaaten gibt es nach einem Bericht der National Allicance on Mental Illness (NAMI) so gut wie keine Daten über Wartezeiten für psychiatrische Behandlung oder über die Anzahl der Behandlungsbedürftigen. Der Bundesstaat gibt pro Einwohner nur zwei Drittel des Landesdurchschnitts für psychische Gesundheit aus und hat das entsprechende Budget von 2009 bis 2012 noch um acht Prozent gekürzt. Insgesamt haben die US-Bundesstaaten von 2009 bis 2011 1,6 Milliarden bei den psychisch Kranken gekürzt. Auch die Regierung in Washington gibt weniger. Folgen sind die Schließung von psychiatrischen Kliniken und der Ausschluss vieler beim Zugang zu psychiatrischer Behandlung. Anstatt behandelt zu werden, verstopfen viele erkennbar psychisch Kranke zunehmend als tickende Zeitbomben die Gefängnisse, Krankenhäuser und Obdachlosenasyle. Nachrichtenträchtige Gewaltausbrüche mit vielen Toten sind nur die Spitze eines riesigen Eisbergs des vermeidbaren menschlichen Leidens, der psychisch Kranken ebenso wie ihrer Opfer.

Ist die amtliche Inflationsrate willkürlich?

Nach amtlichen Berechnungen des Statistischen Bundesamts war die Lebenshaltung in Deutschland im Juli 2012 um 1,7 Prozent teurer als im Vorjahr. Die meisten nehmen diese amtliche Inflationsrate als Tatsachenfeststellung hin. Und doch wäre ein bisschen Zweifeln durchaus angebracht, wie bei allen statistischen Daten. Denn es gibt keine »korrekte«, objektiv messbare Inflationsrate. Das sieht man schon daran, dass eine andere deutsche Inflationsrate, die nach europäischen Standards berechnete Rate, mit zwei Prozent merklich anders ausfiel.

Wirtschaftsstatistiken sind Erfolgsmaße für Regierungen. Wenn die Inflation niedriger ausgewiesen wird, sind bei gleich gemessener Wirtschaftsleistung die »reale«, also preisbereinigte Wirtschaftsleistung und das Wirtschaftswachstum höher. Die Reallöhne und das Reallohnwachstum erscheinen höher. Renten und andere Sozialleistungen müssen eventuell weniger stark angepasst werden. Andererseits steigt der Druck auf die Notenbank, eine lockere Geldpolitik zu betreiben, wenn die Inflation niedriger ausgewiesen wird. Aus solchen Gründen sollte man immer mit der Möglichkeit rechnen, dass die Entscheidungsspielräume, die es gibt, zielgerichtet ausgefüllt werden.

Und Entscheidungsspielräume gibt es viele, und größere als man gemeinhin denkt. Wie soll man die Preisentwicklung eines Computers ansetzen, der bei gleichem Preis die doppelte Rechnerleistung hat wie das Vorjahresmodell. Viele Nutzer werden kaum etwas davon merken, andere haben einen merklichen Vorteil davon. In der Statistik wird – grob gesprochen – so getan, als habe sich der Preis halbiert, mit entsprechend günstigen Wirkungen auf die Inflationsrate. Das ist in Ordnung, wenn man die Messphilosophie verfolgt, den Lebensstandard der Menschen abzubilden und sich zutraut, einzuschätzen und zu bewerten, was den Lebensstandard wie stark verbessert. Es ist nicht in Ordnung, wenn man die Lebenshaltungskosten messen will, orientiert an der einfachen Frage, ob das gleiche Gehalt auch in einem Jahr bis zum Monatsende reicht, wenn man seine Verbrauchsgewohnheiten nicht aktiv ändert. Der Computer hat sich nicht wirklich im Preis halbiert, wie die Statistiker unterstellen. Wer einen neuen Computer braucht, dessen Geld wird nicht bis zum Monatsende reichen, ohne dass er auf etwas anderes verzichtet. Die Statistik bildet das nicht ab.

Für Menschen mit geringem Einkommen ist die Frage der Lebenshaltungskosten besonders wichtig. Für Menschen mit hohem Einkommen und finanziellen Reserven ist die Frage nach den Kosten gleichbleibender Lebensqualität relativ wichtiger. Die Wahl der Messphilosophie entscheidet also mit darüber, auf wessen Interessen hin man die Statistik zuschneidet. Bis vor zehn Jahren gab es noch verschiedene Warenkörbe für Haushalte mit unterschiedlich hohen Einkommen. Dabei ergaben sich unterschiedliche Inflationsraten für die verschiedenen Haushaltstypen. Gäbe es diese unterschiedlichen Warenkörbe noch, könnte man heute wohl feststellen, dass die Geldentwertung für Geringverdiener besonders ausgeprägt ist, wegen des relativ höheren Anteils am Einkommen, die diese für Benzin, öffentlichen Nahverkehr und Grundnahrungsmittel ausgeben, die allesamt besonders hohe Preissteigerungen erlebten. Aber es wurde entschieden, solche Statistiken nicht mehr zu führen. Die Begründung mit dem angeblich hohen Aufwand erscheint vorgeschoben. Es geht schließlich nur darum, Preise, die man ohnehin erhoben hat, unterschiedlich zusammen zu gewichten.

Krankenhäuser schicken die Patienten heute früher heim, teils weil die Kassen nicht mehr so lange zahlen, teils weil der medizinische Fortschritt kürzere Aufenthaltsdauern rechtfertigt. Wie soll man die verbilligte Abwicklung einer Geburt oder einer Blinddarmoperation bewerten? Als Qualitätsverschlechterung, weil die Patienten weniger stationäre Pflege bekommen, sodass man von einer stabilen Preisentwicklung ausgehen sollte, oder als Preisrückgang, mit entsprechenden positiven Konsequenzen für die Inflationsrate? Raten Sie! Sie wird natürlich als Preisrückgang gewertet, ebenso wie es als Preisrückgang von Bildungsleistungen gewertet wird, wenn Professoren vor volleren Hörsälen unterrichten, sodass weniger Lehrpersonal pro Universitätsabschluss nötig ist.

Zur Ehrenrettung der deutschen Statistiker muss man sagen, dass die meisten kreativen Neuerungen zum Drücken der ausgewiesenen Inflationsrate nicht hier, sondern in den USA ausgekocht werden. Die deutsche Statistik steht traditionell stärker unter dem Einfluss der Bundesbank als der Regierung. Amerikanische und deutsche Inflations- und Wachstumszahlen sind daher nicht direkt vergleichbar. Man kann davon ausgehen, dass die Inflation in den USA noch stärker untertrieben und das Wirtschaftswachstum noch stärker übertrieben wird als bei uns.

Warum wird der Club der Reichen kleiner?

Die Erde ist endlich. Was hat diese alte Erkenntnis mit der Krise des Euro-Raums zu tun? Vielleicht mehr als man denkt.

Seit zwei Jahrzehnten wächst die Wirtschaft Chinas mit seinen über eineinhalb Milliarden Menschen um ein Mehrfaches stärker als die Wirtschaften der Industrieländer. In Indien mit einer weiteren Milliarde Menschen ist der Wachstumsschub ebenfalls angekommen. Auch Osteuropa holt von sehr niedrigen Einkommens- und Lohnniveaus aus rasch auf. Das Wachstumsmodell ist jeweils exportorientiert und mit hohen Investitionen in neue Produktionskapazitäten verbunden.

Die massive Zunahme des Rohstoffverbrauchs der aufstrebenden Länder hat zu einem massiven Anstieg der Rohstoffpreise geführt. Denn die Kapazitäten sind schnell aufgebraucht, wenn sowohl Industrieländer als auch Schwellenländer stark wachsen. Auf dem globalen Wachstumszug können nicht alle großen Wirtschaftsblöcke gleichzeitig mitfahren. Entweder müssen einige zurückbleiben, oder der Zug fährt insgesamt sehr langsam.

In Europa sind es die Länder auf mittlerer Einkommensstufe, die abgehängt wurden. Als die EU noch aus einem sehr großen, starken Kern und einigen kleineren Peripherieregionen wie Irland, Spanien, Portugal, Süditalien und Griechenland bestand, konnte der Kern es leicht verkraften, der Peripherie per Direktinvestitionen genügend industrielle Kapazität abzugeben, dass sie aufholen konnte. Seit der Osterweiterung der EU gehen fast alle Direktinvestitionen nach Osten, wo die Löhne und Steuern noch viel niedriger sind, wenn sie nicht gleich nach China gehen.

Gleichzeitig stieg die Importrechnung der Peripherieländer wegen der sich verteuernden Rohstoffe immer mehr an. Für Länder mit besonders fortschrittlicher Industriestruktur wie Deutschland war das leicht zu verkraften, da sie den aufholenden Schwellenländern die nötigen Maschinen und Anlagen verkaufen konnten. Nicht so für Portugal, Spanien oder Griechenland.

Einige Jahre lang überdeckte ein Wirtschaftsboom dieses Problem, der durch den Zinsrückgang infolge der Währungsunion ausgelöst wurde. Doch nun wird der Geleitzug kräftig durchgeschüttelt und die Reihen lichten sich. Die Stärksten werden stärker, die Halbstarken fallen zurück.

Das gleiche Prinzip ist auch auf Personenebene am Werk. Viele arme Menschen in Asien und Osteuropa steigern ihre Konsummöglichkeiten deutlich. Die deutlich besser gestellten Geringverdiener in den reichen Ländern, die mit diesen billigen Arbeitskräften konkurrieren und die unter den erhöhten Rohstoffpreisen leiden, müssen sich zunehmend einschränken. Die weniger zahlreichen Hochqualifizierten und die Bezieher von Kapitaleinkommen bauen ihre Einkommensposition aus. Das dämpft den Ressourcenverbrauch, denn Menschen mit sehr hohen Einkommen konsumieren nur einen relativ kleinen Teil ihres Einkommens. Den Rest leihen sie den aufstrebenden Ländern.

Sollte die Flugticketsteuer abgeschafft werden?

Die Luftverkehrsabgabe, die der Bund seit Anfang 2011 auf Flüge erhebt, die von deutschen Flughäfen starten, ist sicherlich kein Geniestreich. Ursprünglich als Lenkungsabgabe konzipiert, sollte sie dazu beitragen, dass die Anbieter und Nutzer im Luftverkehr die Allgemeinheit wenigstens teilweise für die Kosten entschädigen müssen, die sie ihr in Form von Lärm und Umweltverschmutzung aufbürden. Auf diese Weise sollten Flüge unterbunden werden, die den Nutzern weniger wert sind, als sie insgesamt an Kosten verursachen. Doch das Lenkungsziel wurde aufgegeben und die Steuer von 7,5 bis 42 Euro je nach Fluglänge als eine weitere Spezialsteuer zur Einnahmeerzielung eingeführt. Die Luftfahrtbranche beschwert sich über die Belastung, weil der Flugverkehr dadurch in Deutschland weniger stark steigt, als er es sonst täte. Zu Recht?

Nein, weil die Dämpfung des Zuwachses im Flugverkehr, so sie denn tatsächlich auf die Luftverkehrsabgabe zurückgeht, zeigen würde, dass die Abgabe eine gewisse erstrebenswerte Lenkungsfunktion durchaus erfüllt. Dass Fluglinien mit Ticketpreisen im niedrigen zweistelligen Eurobereich werben können, zeigt, dass etwas faul und eine Korrektur nötig ist. Ein Flug in die Türkei sollte nicht weniger kosten als eine innerdeutsche Zugfahrt.

Nein auch, weil die Steuer im Vergleich zu anderen Steuern, die man alternativ erheben müsste, nicht schlecht abschneidet. Sie hat in gewissem Sinne den Charakter einer Luxussteuer, da kaum jemand, der es sich nicht wirklich leisten kann, fliegen muss. (Für Geschäftsreisende sollte der Betrag klein genug sein, um irrelevant zu sein, insbesondere, da er steuerlich abzugsfähig ist.) Eine entsprechende Mehrwertsteuer würde dagegen jeden belasten. Eine höhere Einkommenssteuer oder höhere Unternehmenssteuern wären in ihren schädlichen Anreizwirkungen wohl negativer einzustufen als die Ticketsteuer.

Mit der Arbeitshypothese, im Transportgewerbe müsse es möglichst wettbewerblich zugehen und der Staat solle möglichst wenig lenkend eingreifen, macht der Staat sich zum Affen. Er baut die Straßen und Brücken, zahlt direkt oder indirekt für die Flughäfen, Schienen und Bahnhöfe. Mit seinen Entscheidungen, welche Infrastruktureinrichtungen er bereitstellt oder nicht, und wem er die Kosten wie in Rechnung stellt oder selbst trägt, lenkt er in einer Weise und Intensität, die alberne Kleinigkeiten wie die Luftverkehrsabgabe weit in den Schatten stellt. Allein die Steuerbefreiung des Flugbenzins und der Verzicht auf Mehrwertsteuer für Auslandsflüge bringen der Luftfahrtbranche nach Berechnungen des Umweltbundesamts das Zwölffache der knappen Milliarde Euro, mit der sie die Flugticketsteuer belastet.

Der Staat muss und sollte es nicht weiter hinnehmen, dass solche wertvollen Vergünstigungen, über deren Berechtigung oder faktische Notwendigkeit man unterschiedlicher Meinung sein kann, für inländische Kurzstreckenflüge oder subventionierte Ballermann-Kurztrips missbraucht werden.

Es scheint hinreichend klar zu sein, dass Fahrten mit der Bahn unter Umweltgesichtspunkten viel günstiger zu beurteilen sind als Flüge gleicher Länge. Der Kohlendioxid-Ausstoß pro Kilometer ist zwei bis dreimal so hoch wie bei der Bahn und sogar höher als bei einer Fahrt mit dem Auto. Die Probleme wegen Lärmbelästigung bei Starts und Landungen sind größer als bei der Bahn. Dennoch geht ein Teil der Starts und Landungen auf den zunehmend überfüllten deutschen Flughäfen auf innerdeutsche Kurzstecken zurück, wie zum Beispiel Frankfurt – Düsseldorf, Frankfurt – Stuttgart oder Frankfurt – Hannover. Das Flugbenzin, das dafür in klimaschädlich großer Höhe verbrannt wird, ist von der Mineralölsteuer befreit. Der Zeitvorteil des Kunden gegenüber einer Bahnfahrt ist oft gering. Bei Streiks und sonstigen Flugausfällen werden auch jetzt schon ohne große Probleme solche Flüge auf die Bahn umgeleitet und es gibt eine begrüßenswerte Kooperation von Lufthansa und Bahn, laut der manche »Flugverbindungen« standardmäßig mit dem ICE dargestellt werden.

Unter Gesichtspunkten des Allgemeinwohls ist das Fortbestehen der Kurzstreckenverbindungen ein unsinniger Zustand. Der

Staat hat das Recht und die Pflicht, hier lenkend einzugreifen. Die Preise auf dem Transportmarkt sind keine Wettbewerbspreise, sondern staatlich gelenkte Preise. Sie vor Staatseingriffen bewahren zu wollen, ist unsinnig. Es geht immer nur um Bewahrung des Status quo.

Eine einfache und durchaus hilfreiche Möglichkeit wäre es, Flugverbindungen zwischen Städten zu untersagen, welche im Zugverkehr mit geringem zusätzlichem Zeitaufwand und hinreichend oft am Tag verbunden werden. Die Bahn hätte dann einen Anreiz, soweit nötig, die entsprechenden Verbindungen im Direktverkehr ohne Zwischenhalte anzubieten, um die Zeitvorgabe zu schaffen. Gäbe es diese zusätzlichen schnellen Verbindungen erst einmal, würden auch Autofahrer diese in Anspruch nehmen.

Würden »intelligente« Stromzähler die Energiewende voranbringen?

Das große Problem der alternativen Energien ist ihre Wetterabhängigkeit. Weil die Sonne nicht zuverlässig dann scheint und der Wind nicht zuverlässig dann bläst, wenn gerade hohe Stromnachfrage herrscht, müssen die Energieversorger die jederzeitige Versorgungssicherheit über hohe Kapazitäten an konventionellen Kraftwerken sicherstellen können.

So entsteht bei wetterbedingt hohem Aufkommen an Sonnen- und Windstrom häufig ein Überangebot an Strom, das die Preise an der Strombörse in den Keller schickt. Das führt dann dazu, dass letztlich das Ausland zu Spottpreisen den Öko-Strom erhält, für dessen Einspeisung die deutschen Verbraucher hohe Subventionen bezahlt haben.

Um dem abzuhelfen, müsste der innerdeutsche Stromverbrauch variabel gemacht werden, und zwar in Reaktion auf das aktuelle Stromangebot. Das wäre sogar durchführbar. Aber die Möglichkeiten dazu werden nicht einmal ansatzweise ausgenutzt.

Wenn den Verbrauchern – industriellen Großverbrauchern ebenso wie Haushalten – die Informationen über den aktuellen

Strompreis zur Verfügung gestellt werden, könnten sie intelligente Steuerungssysteme einsetzen, die Geräte und Maschinen mit variablen Einsatzzeiten dann einschalten, wenn der Strom günstig ist.

Damit sind nicht die vermeintlich »intelligenten« Stromzähler gemeint, die derzeit propagiert und eingebaut werden. Sie liefern letztlich vor allem Nutzungsinformationen an die Energieversorger, die diese für ihre Planung und Preisgestaltung nutzen können.

Es geht vielmehr um Steuerungssysteme, die die Akkus von Haushaltsgeräten und Autos zu Billigzeiten aufladen – oder um Großprojekte wie Oberleitungen an Autobahnen, an die sich Lastwagen mit Stromabnehmern andocken können, wenn Strom gerade billiger ist als Diesel. Auch Busse könnten mit variabel einsetzbaren Stromabnehmern ausgerüstet werden, wo es Oberleitungen in den Städten gibt.

Voraussetzung wäre allerdings, dass die Kunden die nötige Information bekommen und auch das Recht, den Strom billig zu beziehen, wenn viel davon da ist. Das müsste sicherlich der Gesetzgeber vorschreiben, denn den Interessen der Energieversorger entspricht das nicht unbedingt. Wenn diese Rechtssicherheit einmal gegeben wäre, lohnte es sich, technisch machbare Lösungen zu entwickeln.

Auch das Geschehen an der Strombörse müsste genau überwacht werden. Denn dort, hat sich gezeigt, ist der Handel recht anfällig für Manipulationen. Wenn die Stromkunden Kosten für technische Ausrüstungen in Kauf nehmen sollen, die ihnen die Nutzung von Strompreisschwankungen ermöglichen, müssen sie möglichst sicher sein, dass sie nicht durch Preismanipulationen übervorteilt werden.

Aufbegehrende Mehrheiten

Bringt eine Frauenquote ungeeignete Kandidatinnen an die Spitze?

Der Anteil von Frauen in Führungspositionen ist in Deutschland sehr niedrig. Auch als Folge davon ist das Verdienstgefälle von Männern zu Frauen mit 22 Prozent extrem hoch, wie die Industrieländerorganisation OECD erst im März 2012 wieder festgestellt hat. Im Durchschnitt der OECD-Länder ist es um gut fünf Prozentpunkte niedriger.

Frauenquoten, international das Mittel der Wahl, um mehr Karrieregerechtigkeit herzustellen, haben in Deutschland keinen guten Leumund. Das wichtigste ökonomische Gegenargument lautet: Wenn man eine Frauenquote einführt, werden weniger geeignete Frauen besser qualifizierten Männern vorgezogen. Das sei ineffizient.

Das klingt einleuchtend, muss aber keinesfalls stimmen. Denn dabei wird übersehen, dass eine Frauenquote dazu führt, dass sich mehr geeignete Frauen um eine Beförderung bemühen und sich mehr anstrengen. Auch die Männer müssen sich mehr anstrengen, um ihre Chancen zu wahren.

Die ökonomische Theorie behandelt Beförderungen als Turnier. Viele Kandidaten mit ähnlicher Qualifikation bewerben sich um den großen Preis der nächsthöheren Führungsposition und damit die Chance für noch höhere Führungspositionen. Die meisten gehen leer aus.

Manchen fällt es leichter als anderen, das nötige Leistungsniveau zu erbringen, um realistische Siegeschancen zu haben. Viele Frauen gehören aufgrund ihrer privaten Lebensumstände zu denen, die dafür besonders hohe Kosten in Kauf nehmen müssten. Aufgrund der geringen Erfolgsaussichten lohnt es sich für viele nicht, es zu versuchen, selbst wenn sie aufgrund persönlicher Begabung und Vorbildung gut geeignet wären.

Wenn eine Quote die Chancen der Frauen verbessert, dann ändert sich das Kalkül. Mehr Frauen strengen sich an, um sich für Führungspositionen zu qualifizieren und zu empfehlen. Der

Pool der geeigneten Kandidaten und Kandidatinnen wird größer. Das Anspruchsniveau an den Sieger kann dadurch sogar steigen. Bei Laborexperimenten, die solche Turniere simulierten, war das jedenfalls oft der Fall.

Man muss es allerdings richtig machen. So gibt es eine ökonomische Studie, die festgestellt hat, dass die Einführung einer Frauenquote in Norwegen zu lang anhaltenden Kursverlusten für Unternehmen führte, die ihren Frauenanteil an der Spitze stark erhöhen mussten. Dieses Negativbeispiel demonstriert etwas Wichtiges. In mehrstufigen Hierarchien ist es nötig, zuerst auf den unteren Ebenen den Frauenanteil zu erhöhen. Denn, wenn man ganz oben mit Quoten anfängt, so wie das die EU-Kommission den renitenten europäischen Unternehmen androht, besteht die Gefahr, dass es auf der Führungsebene direkt darunter nur ganz wenige Frauen gibt, die infrage kommen. Dann fehlt die Möglichkeit zur Auswahl. Es kann kaum noch darauf geachtet werden, dass nur Mitarbeiterinnen befördert werden, die sich bewährt und für höhere Aufgaben empfohlen haben. Vielmehr müssen dann auch solche Mitarbeiterinnen befördert werden, die ohnehin schon höher gestiegen sind, als ihnen und dem Unternehmen gut tut.

Ein positives Beispiel liefert eine Studie von 2012, die untersuchte, wie sich eine Geschlechterquote bei italienischen Kommunalwahlen, die nur zwei Jahre lang galt und für jedes Geschlecht eine Quote von mindestens einem Drittel vorschrieb, auf die Qualität der Gewählten auswirkte. Qualität wurde dabei gemessen als die Jahre in schulischer und universitärer Ausbildung.

Bei Kommunalwahlen tritt das Problem der Mehrstufigkeit nicht auf. Praktisch alle Bürger kommen für ein Mandat in Frage. Es zeigte sich, dass in Kommunen, in denen gewählt wurde, während die Quote gültig war, die erfolgreichen Kandidaten ein höheres Bildungsniveau aufwiesen als in anderen Kommunen. Das lag nicht nur an der größeren Anzahl der gewählten Frauen, die durchschnittlich besser gebildet sind als Männer, sondern auch daran, dass die erfolgreichen Männer über einen höheren Bildungsabschluss verfügten. Konkurrenz belebt das Geschäft, heißt es so schön, und die Konkurrenz funktioniert nicht richtig, wenn die Hälfte der Bevölkerung keine faire Siegeschance hat.

Ist die Kritik der Männer an der Herdprämie der CSU heuchlerisch?

Bei der Diskussion um das von der CSU durchgesetzte Betreuungsgeld für Mütter, die ihre Kleinkinder nicht in Krippen schicken, geht es nicht darum, die Emanzipation der Frauen gegen einen Angriff Ewiggestriger zu schützen. Für Frauen, die Karriere machen könnten, gibt es viel wichtigere Hindernisse als 150 Euro Betreuungsgeld. Vielmehr geht es darum, die staatliche Subventionierung der Lohndrückerei durch Privilegierung geringfügiger weiblicher Beschäftigung zu bewahren.

So gesehen lässt sich verstehen, warum es den politischen Widerstand gegen die Herdprämie etwas minderte, als klargestellt wurde, dass Hartz-IV-Empfänger keinen Anspruch haben. Hartz-IV-Mütter haben also weiter den Anreiz, für fünf oder sechs Euro die Stunde im Rahmen eines Minijobs Regale einzuräumen, wenn auch nur bis zur Hinzuverdienstgrenze von 100 Euro.

Anders, wenn ein Ehemann mit einem Job da ist. Wenn dessen Frau die ersten 30 Stunden des Monats dafür arbeiten müsste, die Herdprämie zu kompensieren, die wegfällt, wenn sie ihr Kind in Betreuung gibt, um zu arbeiten, würde sie sich das überlegen.

Gut ausgebildete Frauen, die sich entscheiden müssen, ob sie bald nach der Geburt eines Kindes in den Job zurückgehen, um ihrer Karriere nicht zu schaden, kalkulieren anders. Sie verlieren die wertvolle Mitversicherung in der Familienkrankenversicherung und Vorteile für betreuende Mütter in der Rentenversicherung. Hinzu kommt der Verlust von Vorteilen aus dem Ehegattensplitting und von Elterngeld, das so ausgestaltet ist, dass Väter meist nur einen karriereunschädlichen bezahlten Urlaub aus ihrem Teil machen.

Hinzu kommt die teure Kinderbetreuung. Denn die Kosten der Kinderkrippen sind oft nach Einkommen gestaffelt und die Plätze reichen nicht aus. Da Frauen im Allgemeinen und Mütter im Besonderen ohnehin geringe Karrierechancen haben, braucht es viel Willen, um zu oft verschwindend geringen Nettostundenverdiensten den erlernten Beruf vorzuziehen.

Es ist also alles bestens eingerichtet für die arrivierten Männer: Frauen, die eine Bedrohung sein könnten, bleiben zu Hause, die anderen stellen, wenn es kein Betreuungsgeld gibt, ihre Arbeitskraft günstig zur Verfügung. Warum etwas ändern?

Enteignet Indien unsere Pharmaindustrie mit Zwangslizenzen?

Im März 2012 verpflichtete ein indisches Gericht den deutschen Pharma-Hersteller Bayer, eine billige Lizenz für das patentgeschützte Krebsmittel Nexavar an ein indisches Unternehmen zu vergeben. Dadurch sollten die monatlichen Behandlungskosten von 5700 Dollar auf 228 Dollar gesenkt werden. Ist das Enteignung? Macht es Pharmaforschung letztlich unrentabel?

Ein einfacher Verweis auf den Markt hilft hier nicht weiter, weil die Konkurrenz der Pharmafirmen um das beste neue Medikament eingebettet ist in planwirtschaftliche Strukturen. Vorgelagert ist die staatlich finanzierte medizinische Forschung, von der die Pharmaindustrie profitiert. Nachgelagert ist ein Gesundheitssystem, in dem der Markt eine geringe Rolle spielt. In diesem Gesundheitssystem der reichen Länder, in dem Lobbyismus und Politik dominieren, bildet sich der weltweit zu bezahlende Preis für patentgeschützte Medikamente. Die Margen der Pharmafirmen, die sich daraus ergeben, wirken durchaus auskömmlich. Bayers Gesundheitssparte peilte 2012 eine Marge von 28 Prozent an.

Ein Patent ist ein Monopol auf Zeit. Ein Monopolist schließt durch Mengenbeschränkung einen Teil der Nachfrager aus, um den Preis hoch halten zu können. Dieses gesellschaftliche Problem ist umso schärfer, je wichtiger das Produkt und je größer die Einkommensungleichheit ist. Denn wenn ein kleiner Teil der Bevölkerung sehr viel verdient, sehr viele dagegen wenig, dann lohnt sich eine Hochpreisstrategie, die ganz darauf verzichtet, die Vielen mit geringer Kaufkraft zu bedienen. Bei gleichmäßiger Einkommensverteilung ist eher ein mittlerer Preis optimal.

Die weltweite Einkommensungleichheit ist sehr hoch, innerhalb der meisten Länder steigt sie. Die Großbank Citigroup hat in Kundenberichten zur »Plutonomy«, zur Wirtschaft für die Wenigen, die Geschäftsmodelle dargelegt, die sich ergeben. In Anbetracht der 99-Prozent-Bewegung ist ihr das heute peinlich, und sie beschäftigt eine Schar von Anwälten damit, ihre »Plutonomy«-Berichte aus dem Internet zu tilgen.

Zu den empfohlenen neuen Geschäftsmodellen gehören Medikamente gegen schwere Krankheiten für einen begrenzten Kundenkreis, der jeden Preis zahlt. Nexavar ist so ein Mittel. Indien torpediert die Strategie, indem es den in Industrieländern gebildeten Preis für sich und seine Armen nicht akzeptiert. Bayer darf nicht allein auf die zunehmende Anzahl reicher Inder setzen.

War der Nobelpreis für Muhammad Yunus ein fataler Irrtum?

Die erklärten Ziele des charismatischen Bangladeschi waren sicherlich eines Friedensnobelpreises würdig. Mit Mikrokrediten für Kleinstunternehmer und -unternehmerinnen, wie sie seine Grameen-Bank vergab, versprach Muhammad Yunus, innerhalb einer Generation die Armut auszurotten. Ursprünglich arbeiteten die Mikrokreditgeber mit Entwicklungshilfemitteln und Spenden. Um die Jahrtausendwende wurde das Modell dann weithin auf kommerzielle Kreditkonditionen umgestellt.

Die Idee dahinter ist, armen Menschen in Entwicklungsländern Zugang zu Krediten zu geben, mit denen sie sich eine Existenz als Kleinstgewerbetreibende aufbauen und so der Armut entfliehen können. Die Idee wurde massiv unterstützt. 2005 rief die UN das Jahr des Mikrokredits aus, 2006 erhielten Yunus und die Grameen-Bank den Friedensnobelpreis.

Inzwischen ist große Ernüchterung eingekehrt. Rund ein Dutzend Länder, von Bangladesch bis Bolivien, von Kambodscha bis

Bosnien, können als Mikrokredit-gesättigt gelten. Die davon ausgelösten Fortschritte bei der Armutsbekämpfung sind – vorsichtig ausgedrückt – bescheiden. Stattdessen zeigten sich negative Auswüchse, die sehr an die Subprime-Kredite für nicht kreditwürdige Immobilienbesitzer in den USA erinnern. Immer neue kommerzielle Mikrokreditgeber drückten immer mehr Kredite in den Markt. Viele Kreditnehmer brauchen neue Mikrokredite, nur um die alten bezahlen zu können, und geraten in aussichtslose Verschuldung. Mancherorts kam es gar zu Selbstmordepidemien, etwa im indischen Andhra Pradesh, das besonders großzügig mit Mikrokrediten bedacht wurde.

Es blieb nicht bei solchen Berichten, die man als negative Auswüchse einer Erfolgsgeschichte abtun könnte. Eine vom britischen Entwicklungshilfeministerium finanzierte Studie nahm die positiven Wirkungsanalysen der Mikrokreditbranche unter die Lupe und stellte 2011 fest, dass sie ausnahmslos verzerrt, unvollständig oder auf andere Weise mangelhaft waren und dass »die Euphorie für Mikrokredite auf Sand gebaut« war.

Die Mikrokreditidee krankt nicht etwa nur an Problemen in der Ausführung. Die Idee ist falsch. Um die Armut zu besiegen, braucht ein Land eine gute Infrastruktur und gut bezahlte Arbeitsplätze in Unternehmen, welche die Vorteile der Arbeitsteilung und der Massenproduktion realisieren. Dazu müssen kleine Unternehmen zu mittleren und mittlere zu großen werden. Die wenigen großen Unternehmen eines Entwicklungslands brauchen eine funktionierende Basis an kleineren Zulieferern, sodass sie Vorleistungen im Land beziehen können, anstatt alles zu importieren. Es muss sich eine vielfältige Wirtschaftsstruktur von Unternehmen bilden, die sich gegenseitig nicht nur Konkurrenz machen, sondern auch beliefern und unterstützen. Die Anzahl der Essensverkäuferinnen und Rikschafahrer zu erhöhen, trägt nichts zu diesen Zielen bei. Im Gegenteil. In der Praxis hat die Mikrokreditmanie die Verfügbarkeit von Krediten für kleine und mittlere Unternehmen sogar verschlechtert.

Wenn sich mehr Leute als Kleinstgewerbetreibende verdingen, bringt das nicht notwendigerweise die nötige zusätzliche Nachfrage mit sich. Andere Essensverkäufer und Rikschafahrer waren schon da, bevor zusätzliche Leute mit Mikrokrediten ausgestattet in dieses Geschäft drängen. Das zusätzliche Angebot führt leicht zu einem Verfall der Preise, der die Alteingesessenen ruiniert und es den Neuankömmlingen schwer bis unmöglich macht, Zins und Tilgung für die Mikrokredite und zusätzlich ihren Lebensunterhalt zu verdienen. Sie enden leicht in Schuldknechtschaft, und die Verwandten und Bekannten, die für sie gebürgt haben, mit ihnen.

Kreditgenossenschaften sind eine sinnvollere Möglichkeit, Kreditknappheit, vor allem auf dem Land und in unterentwickelten Ländern zu beheben. Sie sind in der Region verankert, kennen die dortigen Verhältnisse und können die Konkurrenzsituation und die Tragfähigkeit von Projekten einschätzen. Sie konzentrieren sich nicht auf den Mikrokreditbereich für Kleinstunternehmer, sondern auf den für die wirtschaftliche Entwicklung viel wichtigeren Bereich der kleinen, aber wachsenden Unternehmen.

Ist Afrika zur Armut verdammt?

Wenn man an Afrika südlich der Sahara denkt, so kommen einem vor allem Armut, Unterentwicklung und Hungersnöte in den Sinn. In vielen Ländern kann das langfristige Wirtschaftswachstum kaum mit dem Bevölkerungswachstum mithalten. Auch milliardenschwere Entwicklungshilfe ändert das nicht. Denn wenn die Wirtschaftspolitik der Regierungen nicht auf Entwicklung ausgerichtet ist, kuriert die bestgemeinte Hilfe nur an Symptomen.

Doch Länder wie Taiwan oder Südkorea, das noch 1970 auf dem Einkommensniveau von Tansania lag, zeigen, dass rasante Entwicklung auch für sehr arme Länder möglich ist: Nötig ist eine gezielte Industrialisierung, um einerseits Vorteile der Massenproduktion und der Arbeitsteilung zu realisieren, andererseits unabhängiger zu werden von einseitiger Rohstoffproduktion, bei der die Konkurrenz groß ist und die Preise stark schwanken.

Was Afrika dagegen sicherlich nicht aus der Armut holen wird, sind die vielen karitativen Initiativen auf lokaler Ebene. Sie können zwar, wenn sie sich nicht als kurzlebiger Aktivismus entpuppen, Einzelnen oder einzelnen Dörfern helfen. Aber wenn es an Elektrizität und Straßenanschlüssen fehlt, werden sie die Bevölkerungstragfähigkeit des Landes kaum erhöhen und so das Elend nur verschieben.

Der Chefvolkswirt der Weltbank Justin Lin, ein Chinese, hat konkrete Anleitungen für Nigeria und andere Länder verfasst, wie diese geeignete Branchen identifizieren und fördern können. Ohne solche Staatshilfe geht kaum etwas. Denn gegen die Unternehmen der Industrieländer kann ein industrielles Pionierunternehmen unter den unsäglichen Bedingungen, wie sie in Afrika zumeist herrschen, am freien Markt unmöglich bestehen.

Doch dieser Hilfe sind Grenzen gesetzt. Die heutigen Regeln des Welthandelssystems erlauben nämlich keine Entwicklungsstrategien mehr, die auf Zollschutz und Subventionen für heimische Industrie, auf regionale Handelsintegration vor globaler Integration sowie auf Kreditlenkung zugunsten der eigenen Industrie setzen.

Es waren solche Strategien, die Japan, Korea, Taiwan und nicht zuletzt China groß machten. Zwar profitiert Afrika derzeit davon, dass China und der Westen um seine Rohstoffe buhlen. Nachhaltige Entwicklung wird das aber kaum bringen, weil auch China nur an Afrikas Land und Afrikas Rohstoffen interessiert ist. Es sieht wirklich nicht gut aus für Afrika.

Unternehmen, Markt, Wettbewerb

Schadet es uns, wenn Unternehmen Marktmacht haben?

Die kurze Antwort auf die Frage lautet nein. Das kann man unter anderem durch Vergleich der Wirtschaftsstrukturen erfolgreicher und weniger erfolgreicher Nationen sehen. Je höher das Entwicklungs- und Einkommensniveau, desto größer sind in der Regel die Unternehmen und desto mehr produzieren sie Waren, bei denen die Absatzmenge nur relativ wenig vom Preis abhängt. Das ist die ökonomische Definition von Marktmacht. Unternehmen mit Marktmacht erfahren den Preis für das, was sie produzieren, nicht aus der Zeitung, sondern können ihn, in gewissem Rahmen selbst festlegen.

Bestes Beispiel: Microsoft. Das Unternehmen hat ein Fast-Monopol für PC-Betriebssysteme. Wenn es den Preis erhöht, ist das Hauptproblem nicht die Abwanderung der Kunden zu Wettbewerbern, sondern, dass manche keine mehr oder weniger kaufen.

Das andere Extrem bilden Volkswirtschaften, deren Wirtschaftsstruktur dem ökonomischen Lehrbuchideal der vollkommenen Konkurrenz nahe kommt. Zahlreiche kleine Unternehmen und Selbständige produzieren Waren, oft Rohstoffe, deren Preis sie in keiner Weise beeinflussen können. Sie können den Preis nicht beeinflussen, weil die Konkurrenz enorm ist. Wenn sie einen höheren Preis wollen als den Marktpreis, verkaufen sie gar nichts.

Entsprechend werden in einem Land, in dem die Unternehmen Marktmacht haben, viel höhere Löhne gezahlt und Gewinne erwirtschaftet, als in einem Land, in dem die Konkurrenz groß ist und die Margen minimal sind. Denn nur Unternehmen mit Marktmacht können Größenvorteile nutzen und in ständige Verbesserung von Produkten und Prozessen investieren.

Die lange Antwort ist wie immer etwas komplizierter. Je besser entwickelt eine Volkswirtschaft, desto mehr neigen die Unternehmen dazu, ihre Marktmacht defensiv einzusetzen. Sie nutzen sie, um Konkurrenten klein zu halten, anstatt um selbst besser zu werden. Deshalb ist Wettbewerbskontrolle sinnvoll, die unfaire Praktiken mächtiger Unternehmen unterbindet. Selbstzweck ist mehr Wettbewerb aber nicht. Es kommt immer auf die Umstände an.

Stimmt es, dass es Unternehmen nur gibt, weil der Markt versagt?

Ordoliberale in der Tradition von Walter Eucken sind sich mit linken Kapitalismuskritikern und Mittelstandsvertretern einig: Die »Vermachtung« (Eucken) der Wirtschaft ist ein Problem, gegen das der Staat vorgehen sollte. Die Bildung von Monopolen und Oligopolen ist zu unterbinden. Small is beautiful.

Hinter der Vorliebe für das Kleine steht bei Ordoliberalen die Ehrfurcht vor dem freien Wettbewerb, bei den Linken die Sorge, dass wirtschaftliche Macht zu politischer Macht wird. Bei den Vertretern kleinerer Unternehmen versteht sich die Vorliebe von selbst.

Dass viele Marktwirtschaftler kleine Unternehmen verklären, hängt vielleicht auch damit zusammen, dass Unternehmen, vor allem große Unternehmen, der lebende Beweis für Mängel des Marktes sind. Unternehmen sind Planwirtschaften. Große Unternehmen sind große Planwirtschaften. Ein großer Teil des internationalen Handels besteht aus Warenströmen innerhalb von Unternehmen. Diese gehorchen nicht den Gesetzen des freien Marktes, sondern eher einem Fünfjahresplan. Auch innerhalb eines Landes findet ein sehr hoher Anteil der wirtschaftlichen Transaktionen nicht über den Markt statt, sondern innerhalb von Unternehmen.

Das ist so, weil der Markt nicht geeignet ist, komplexe Produktionsprozesse zu organisieren. Die Unsicherheit ist zu hoch, die Kosten, immer neue Verträge für jeden Produktionsschritt auszuhandeln, sind so hoch, dass das gar nicht möglich ist. Wer ein Auto entwickeln und bauen will, der kann sich nicht darauf verlassen, dass er immer die passenden Ingenieursleistungen bekommt, dass die nötigen qualifizierten Arbeitskräfte, speziellen Maschinen und Vorleistungen immer dann und zum kalkulierten Preis am freien Markt verfügbar sind, wenn sie gebraucht werden. Nicht von ungefähr bauen Länder, deren Wirtschaft von einer Vielzahl kleiner Unternehmen und Selbständigen dominiert wird, keine Autos. Das Unternehmen mit seinen hierarchischen, planwirtschaftlichen Strukturen bringt Ordnung und Planbarkeit in einen Teil der arbeitsteiligen Wirtschaft und ermöglicht so, Entwicklungs-, Produktions- und Marketingstrategien umzusetzen. Je komplexer die Produkte oder Produktionsprozesse, desto größer sind die Bereiche, die dem Markt entzogen werden müssen. Der Unterschied zwischen Marktwirtschaft und Planwirtschaft ist also ein gradueller. Länder, in denen kleine und sehr kleine Unternehmen dominieren und es von daher sehr marktwirtschaftlich zugeht, sind in aller Regel wirtschaftlich wenig erfolgreich. Länder, in der eine Zentralregierung versuchte, das ganze Wirtschaftsgeschehen zu planen, waren ebenfalls wenig erfolgreich. Wie so oft, liegt das Optimum irgendwo dazwischen.

Ist Werbung aus gesellschaftlicher Sicht Verschwendung?

Wenn die Annahmen gelten würden, die den gängigen ökonomischen Modellen zugrunde liegen, dann wäre der hohe zweistellige Milliardenbetrag, der jedes Jahr in Deutschland für Werbung ausgegeben wird, eine gigantische Verschwendung von Talent und Geld. Denn wenn der Wettbewerb perfekt funktioniert und die Information vollkommen ist, dann gibt es eigentlich nur schlechte Gründe für Werbung. Da berühren sich die Ansichten von traditionellen Ökonomen und von Kritikern des Kapitalismus und der Konsumgesellschaft. Aber die Annahmen der Lehrbücher sind natürlich weit von der Realität entfernt.

Theoretisch enthält Werbung zwar Informationen über Eigenschaften von Produkten, die für Konsumenten hilfreich sein können, oder auch nur die Information, dass es ein Produkt gibt. Wenn man sich allerdings den bescheidenen Informationsgehalt teurer Imagekampagnen ansieht, kommt man bei Skeptikern mit diesem Argument nicht weit.

Es ist aber nicht nur die Information, die Werbung nützlich macht. Wer wirbt, signalisiert Qualität, und zwar gerade dadurch, dass er viel Geld für Werbung ausgibt. Man könnte meinen, das kann nicht funktionieren, weil ja jeder dieses Signal aussenden kann. Aber es lohnt sich eben nicht für jeden gleichermaßen. Wer ein schlechtes Produkt anbietet, wird keine teure Imagekampagne fahren, jedenfalls dann nicht, wenn die Qualität des Produkts einen gewissen Einfluss auf die Absatzchancen hat. Je höher die Qualität und damit die Absatzchancen, desto eher lohnt sich eine teure Werbekampagne. Ausnahmen bestätigen die Regel. Bei manchen Produkten spielt Qualität keine Rolle und es geht allein um Image, bei manchen ist die Qualität nur sehr schwer zeitnah feststellbar. Aber das sind Ausnahmen.

Das Signalisieren von Qualität über Werbung hilft den Unternehmen, Markenwert und damit Vertrauen aufzubauen. Wer eine wertvolle Marke hat, wird alles tun, diese nicht zu beschädigen, auch wenn er den Kunden im Einzelfall über den Löffel barbieren könnte. Der Preisspielraum, den der Markenwert eröffnet, schafft dem Unternehmen den Spielraum, den es braucht, um in die ständige Verbesserung der Qualität und in die Entwicklung neuer Produkte zu investieren. Der Wunsch, den Wert der Marke zu erhalten, schafft den Druck, diese Anstrengungen auch tatsächlich zu unternehmen.

Erhöht eine zentrale Voranmeldung der Benzinpreise den Wettbewerb?

Spritpreise sind ein Politikum. Immer wenn sie steigen, flammt eine Diskussion auf, wie man sie drücken könnte, indem man für mehr Wettbewerb zwischen den fünf großen Tankstellenbetreibern sorgt, die den Markt dominieren. Verkehrsminister Peter Ramsauer favorisierte dafür im Frühjahr 2012 eine Weile das australische Modell. Dieses sieht vor, dass alle Tankstellen am Vorabend bei einer zentralen Stelle ihre Preise für den nächsten Tag anmelden müssen und diese erst wieder am darauffolgenden Tag ändern können.

Damit soll verhindert werden, dass die großen Tankstellenbetreiber ihre Preise koordinieren, indem alle die Preisführer beobachten und kopieren. Es hat sich nach Beobachtungen des Bundeskartellamts die Übung durchgesetzt, dass entweder Shell oder Aral mit Preisänderungen vorausgehen und die anderen nachziehen. Das würde schwieriger, so die Hoffnung, wenn man nicht am gleichen Tag auf die Konkurrenz reagieren könnte. Wenn man am Folgetag nachzieht, könnte sich der Preis der Marktführer schon wieder geändert haben.

Die Hoffnung ist naiv. Eine Gruppe marktbeherrschender Unternehmen, die sich abstimmen will, weil sie so sehr viel Geld verdienen kann, wird Wege finden. Ganz simpel könnten die Unternehmen zum Beispiel mit der Wahl der Ziffer hinter dem

Komma signalisieren, in welche Richtung und wie stark sie den Preis am nächsten Tag ändern wollen. Die Anmelderegelung hätte sogar einen großen Vorteil für Wettbewerbsverhinderer. Sie müssten nicht mehr selbst die Konkurrenz beaufsichtigen und aufpassen, dass sich niemand durch zu billige Preise an unbeobachteten Tankstellen oder zu unbeobachteten Zeiten einen Vorteil verschafft. Die Durchsetzung der implizit vereinbarten Preise übernähme die Aufsichtsbehörde.

Wenn die Unternehmen nicht wirklich bereit sind, sich ernsthaft Konkurrenz zu machen – und dafür spricht vieles –, dann können solche Tricks eine wirksame Preisaufsicht nicht ersetzen. Und daran fehlt es. Die Aufsicht wird im Wesentlichen den Verbraucherverbänden überlassen, und die sind auf diesem Markt praktisch chancenlos. Wie sollen sie missbräuchliche Preispolitik nachweisen, wenn man fast gleiche Preise, die sich schnell aneinander anpassen, ebenso gut als Zeichen hohen Wettbewerbs wie als Zeichen fehlenden Wettbewerbs deuten kann. Eine Wettbewerbsaufsicht, die widerstandslos zugelassen hat, dass die Tankstellenbetreiber völlig synchron den Preis für das bei ihnen ungeliebte Normalbenzin auf den Preis von Super hochgezogen haben, um Normalbenzin dann gemeinsam abzuschaffen, ist erkennbar völlig zahnlos oder an der Herstellung von Wettbewerb nicht interessiert.

Wollen Tankstellen durch wilde Preisbewegungen die Autofahrer verwirren?

An deutschen Tankstellen sind in den letzten Monaten Preisänderungen von sechs bis zehn Cent innerhalb eines Tages nicht mehr die Ausnahme, sondern zur Regel geworden. Die täglichen Preisänderungen an den Rohölmärkten sind gegenüber diesen Schwankungen verschwindend gering. Es fällt schwer, sich einen legitimen und plausiblen Grund für eine derartig volatile Preisgestaltung auszumalen.

Um diese zu erklären, verweisen Sprecher von Aral und Shell auf den Wettbewerb zwischen den Tankstellen, der schärfer geworden sei. Aber plausibel ist das nicht. Die Tankstellenpächter legen ihre Preise nicht selbst fest – sie bekommen zentrale Vorgaben und müssen vor Preisänderungen eine Genehmigung einholen. Warum sollte eine Tankstellenkette einem Teil ihrer Pächter den Auftrag geben, mit den Preisen so weit nach unten zu gehen, dass sie am anderen Tag wieder zehn Cent nach oben müssen? Wo doch ohnehin die anderen Tankstellen gleich nachziehen und man zwischenzeitlich Verluste macht? Immerhin gibt Marktführer Aral die durchschnittliche Gewinnmarge der Tankstellen mit nur einem Cent je Liter an. Entweder, das stimmt nicht, oder die Tankstellen verkaufen zeitweise unter Einstandspreis, wie es ihnen die Betreiber freier Tankstellen vorwerfen.

Aber zu ihrem Glück müssen die Tankstellenbetreiber nicht nachweisen, dass es einen legitimen Grund für ihr sonderbares Preisgebaren gibt.

Für den Wettbewerbsexperten Professor Hans-Theo Normann von der Uni Düsseldorf ist der Fall klar: »Für mich sieht das sehr nach gezielter Schaffung von Intransparenz aus.« Dass die Tankstellenketten es dem Kunden schwermachen wollen, günstige Tankstellen zu finden, ist in der Tat die plausiblere Erklärung. Eine Tankstelle, die morgens auf dem Weg zur Arbeit noch das billigste Benzin anbot, ist abends, wenn man die gewonnenen Informationen nutzen möchte, vielleicht schon bei den teuersten. Aber um das festzustellen, muss man erst die Preise aller gesehen haben. Doch dann wird kaum jemand zurückfahren, um zur günstigsten Tankstelle zu kommen. Und wer am nächsten Morgen billig sein wird, weiß man ohnehin wieder nicht. Freie Tankstellen haben es da schwer, sich als verlässlich günstige Alternative zu etablieren.

Das Beste, was Autofahrer realistischer Weise erreichen können, ist ein Gefühl dafür zu bekommen, wann am Tag die Preise typischerweise angehoben werden und wann wieder gesenkt. Preisvergleiche zwischen den Tankstellen sind dagegen bei dieser volatilen Preisgestaltung kaum noch effektiv möglich.

Für die fünf großen Tankstellenbetreiber kann das nur funktionieren, wenn sie alle aufgrund einer expliziten oder impliziten Absprache darauf verzichten, sich als konstant günstige Kette im

Bewusstsein der Kunden zu etablieren, um so Marktanteile zu gewinnen. Aber eine solche Absprache müsste ihnen erst einmal einer nachweisen.

Stimmt es, dass die Preismeldestelle Abzocke an der Tankstelle verhindert?

Fast jeder geht davon aus, dass die Handvoll großer Tankstellenbetreiber, die den Markt dominieren, durch ausdrückliche oder stillschweigende Absprachen den Wettbewerb teilweise außer Kraft gesetzt hat. Selbst das Kartellamt hat in einer Marktanalyse 2011 festgestellt, dass der Wettbewerb nicht funktioniert, dass die Preise an den Tankstellen »keine Wettbewerbspreise« sind. Die Hoffnung der Regierung ruht nun auf einer sogenannten Markttransparenzstelle, die sie einführen will. Danach sollen künftig die über 14 000 Tankstellen in Deutschland ihre Einkaufspreise und alle Verkaufspreise an diese Transparenzstelle beim Kartellamt melden.

Allzu große Hoffnungen, dass diese Meldestelle dem Kartellamt hilft, wettbewerbswidrige Preisgestaltungen zu unterbinden, sollte man aber nicht haben. So klagen die Betreiber freier Tankstellen, sie würden bei den Lieferkonditionen benachteiligt und durch Verkäufe der Konkurrenten unter Einstandspreis drangsaliert. Die großen Tankstellenbetreiber sind sogenannte vertikal integrierte Konzerne. Sie machen alles, von der Suche nach Ölquellen über die Förderung und die Raffinerie bis zum Tankstellengeschäft. Unter solchen Bedingungen ist es sehr schwer, den Nachweis zu führen, dass ein Konzern bestimmte Tankstellen unter Einstandspreis verkaufen lässt. Einstandspreise für Teileinheiten sind in solchen Konzernen keine objektiven Gegebenheiten, sondern Steuergrößen.

Die Hoffnungen richten sich daher eher darauf, dass man den Wettbewerb intensivieren kann, indem man den Autofahrern die gemeldeten Preisinformationen sofort verfügbar macht. Verdächtig ist aber, dass selbst die großen Tankstellenbetreiber dies fordern.

Die großen Ketten betreiben derzeit mit beträchtlichem Aufwand ihre eigenen Meldesysteme, gefüttert von den Tankstellenpächtern, die verpflichtet sind, mehrmals am Tag die Preise der örtlichen Konkurrenten in Erfahrung zu bringen und zu melden. Dabei sind diese nicht immer ganz ehrlich, weil sie Eigeninteressen haben. Wenn die Preisstrategen in den Konzernzentralen die Informationen frei Haus vom Kartellamt geliefert bekämen, wäre das eine Kostenersparnis und würde es ihnen ermöglichen, unliebsame Konkurrenz noch zielgenauer mit Kampfpreisen zu drangsalieren. Auch wenn sie sichergehen wollten, dass etwaige Absprachen zur Preisstrategie auch tatsächlich eingehalten werden, hülfe ihnen die Meldestelle.

Fazit: sehr hohe Spesen, aber außer einem Fleißkärtchen für Wirtschaftsminister Philipp Rösler nichts gewesen. Ohne den Willen, den großen Tankstellenbetreibern wehzutun und sie in ihrer Freiheit zur Wettbewerbsmanipulation zu beschränken, wird es nicht gehen.

Stimmt es, dass der Wettbewerb der Banken um Privatkunden funktioniert?

Die Forschungsabteilung der Deutschen Bank, DB Research, hat in einer Studie der EU-Kommission widersprochen, wonach es beim Kontowechsel in Europa sehr oft Schwierigkeiten gibt. Ihr Hauptgegenargument ist eine Untersuchung von Eurobarometer, wonach nur eine kleine Minderheit von fünf Prozent der Kontobesitzer in den letzten fünf Jahren Schwierigkeiten gehabt hat, ihr Konto zu wechseln. Dagegen hätten 88 Prozent ausgesagt, es sei für sie nicht nötig gewesen, ihr Konto zu wechseln.

Wer sein Konto nicht zu wechseln versucht, kann dabei auch nicht auf Schwierigkeiten stoßen. So ein Argument zu bringen, zeugt schon von einiger Chuzpe und Mangel an besseren Argumenten. Die Testkäufer der Kommission trafen in 81 Prozent der Versuche auf Schwierigkeiten. Deutschland lag dabei im guten Mittelfeld, der Anteil der Kunden mit Wechselschwierigkeiten war nur halb so hoch wie beim Schlusslicht Italien.

Wie die Experten der Deutschen Bank richtig feststellen, senken Wechselschwierigkeiten den Anreiz der Banken, Bestandskunden gute Leistungen und günstige Preise zu bieten. Das Handeln der Institute zeigt deutlicher als jede Studie, wie es um die Wechselwilligkeit der Kunden bestellt ist. Da ist zum einen die weit verbreitete Diskriminierung von Bestandskunden. Mit viel Geld bewerben die Banken günstige Angebote für die Geldanlage, die sehr oft nur Neukunden offenstehen. Häufig gelten sie auch nur für ein halbes Jahr oder ein Jahr und werden dann stillschweigend auf die mageren Sätze für Bestandskunden gesenkt. Solche Angebote sind nur Erfolg versprechend, wenn man einiges tun muss, um neue Kunden zu gewinnen, sich bei Bestandskunden aber darauf verlassen kann, dass sie ohnehin bleiben. Es wäre sehr wahrscheinlich für den Wettbewerb günstiger, wenn derartige diskriminierende Angebote untersagt würden.

Ein anderes Indiz dafür, dass Wettbewerb die Banken in ihrem Umgang mit Bestandskunden kaum diszipliniert, sind exorbitante Sätze für Überziehungskredite. Während Geldhäuser unbeschränkt zu weniger als einem Prozent Geld von der Zentralbank bekommen und viele deutsche Banken am Geldmarkt gar nur gut ein Viertelprozent zahlen, verlangen sie Dispozinsen von über zehn Prozent. Die Sorge, dass Kunden abwandern, die mit derartigen Rechnungen konfrontiert werden, scheint nicht groß zu sein.

Brauchen wir mehr Markt und Wettbewerb im Gesundheitswesen?

Freier Wettbewerb gilt als viel effizienter als staatliche Planung. Deshalb gibt es immer wieder Vorschläge, auch im notorisch ineffizienten Gesundheitswesen mehr Marktelemente einzuführen. Der bizarre Vorschlag von Krankenkassen aus dem Sommer 2012, für Hüftoperationen handelbare Quoten einzuführen, reiht sich da ein. Der Markt aber kann nur dort gut funktionieren, wo die Voraussetzungen dafür da sind. Im Gesundheitswesen ist das nicht der Fall.

Das größte Hindernis ist, dass Gesundheit als besonderes Gut gesehen wird, das nicht nach Zahlungsfähigkeit zugeteilt werden soll. Alle sollen zumindest eine gute Grundversorgung mit Gesundheitsleistungen bekommen. Da aber, wenn man nicht bezahlen muss, die Nachfrage das bezahlbare Angebot weit übersteigt, ist staatliche Regulierung im Gesundheitswesen gang und gäbe. Nicht wofür der Kunde bereit ist zu zahlen, bestimmt das Angebot, sondern was der Zahlmeister bereit ist zu zahlen. In diesem Umfeld spielt sich der Wettbewerb von gewinnorientierten Ärzten und Krankenhäusern und der Krankenversicherer ab. Die Wirkungen sind ganz andere, als wenn Hersteller von Autos um Kunden buhlen. Gute Leistungen zu bringen hilft, aber damit allein kann kein Arzt oder Krankenhaus über die Runden kommen.

Wie gut die Ärzte insgesamt verdienen, hängt allein vom Erfolg ihrer Lobby-Organisationen ab, nicht von ihrer Leistung. Die unternehmerische Leistung der einzelnen Ärzte und Krankenhäuser besteht vor allem darin, sich durch geschicktes Ausnutzen des Systems einen Vorteil zu verschaffen. Weil zwischen den einzelnen Praxen und den Versicherern die kassenärztlichen Vereinigungen zwischengeschaltet sind, sind die Möglichkeiten dafür sehr groß. Die Versicherer haben kaum eine Möglichkeit festzustellen, ob die Ärzte die Leistungen überhaupt erbracht haben, die sie abrechnen, geschweige denn, ob sie nötig waren. Die gesetzlich Versicherten, die es wissen würden, bekommen die Information nicht. Bisher hat die Ärztelobby erfolgreich verhindert, dass es effektive Kontrollmöglichkeiten gibt. Für die vielen ehrlichen Ärzte ist das fatal. Weil die weniger ehrlichen die abgerechneten Leistungen aufblähen, die Gesamtleistung aber gedeckelt ist, bekommen sie für einzelne Tätigkeiten immer weniger und sind gezwungen, selbst kreativ zu werden.

Der Wettbewerb zwischen den Kassen funktioniert genauso schlecht. Erfolgreich sind die Kassen, die vor allem gesündere und besser verdienende Kunden bedienen. Mit kruden Ausgleichsmaßnahmen, die selbst wieder neue Verzerrungen verursachen, versucht der Gesetzgeber, Abhilfe zu schaffen. Die Leistungen der Kassen sind weitgehend vorgegeben. Bleibt als kleiner Vorteil des Wettbewerbs der Druck auf Verwaltungseffizienz. Doch da ließe sich viel mehr sparen, wenn man gleich auf die ineffektive Konkurrenz verzichten und die Kassen zusammenlegen würde. Das würde die hochdotierten Posten an der Spitze der viel zu kleinen Kassen sparen, und einige Kosten auf der Ebene direkt darunter.

Sind die USA wirklich das gelobte Land der Eigentumsrechte?

Karl-Heinz Weber ist Altaktionär bei General Motors. Seine Aktien wurden praktisch wertlos, als der Auto-Gigant 2009 Konkurs anmeldete und sich unter den Gläubigerschutz flüchtete, den »Chapter 11« des amerikanischen Insolvenzrechts bietet. Im Februar 2012 durfte er lesen, dass die neue General Motors wieder die meisten Autos auf der Welt verkauft und wundert sich, warum es da nicht in den USA eine Diskussion oder gar Prozesse um Entschädigung der Altaktionäre gibt.

Es gibt sie nicht. Denn das US-Insolvenzrecht ist hart und kompromisslos, vor allem aus dem Blickwinkel des Aktionärs. Es räumt im Zweifel dem Interesse des Schuldners und der Gesellschaft an einem Fortgang der Geschäfte Vorrang ein vor dem Interesse von Aktionären und Gläubigern, ihr Geld zurückzubekommen.

Chapter 11 dient dazu, einem Unternehmen, das insolvent oder auch nur von Insolvenz bedroht ist, eine Umorganisation und einen möglichst unbelasteten Neustart zu ermöglichen. Die Gläubiger müssen für die Zeit der Reorganisation stillhalten. Die Ansprüche der Alteigentümer werden gestrichen.

Das ganze interne Wirtschaftsrecht der USA ist ausgesprochen schuldnerfreundlich. Das gilt für Privatinsolvenzen ebenso wie im Hypothekenrecht, wo der Hausbesitzer sich seiner Schulden oft einfach entledigen kann, indem er die Hausschlüssel der Bank übergibt, wenn der Wert des Hauses unter den Schuldenstand gefallen ist.

Der heruntergewirtschaftete Weltkonzern General Motors wurde durch die Insolvenz nach Chapter 11 in eine glänzende

Ausgangsposition gebracht. Weitgehend befreit von Schulden und Altaktionärsansprüchen feierte GM nur 16 Monate später die Rückkehr an die Börse und machte wieder Gewinn. Die neuen Aktien waren beim Börsengang 2010 mehrfach überzeichnet. Ähnlich gut lief es für Kodak und American Airlines, den jüngsten spektakulären Insolvenzen. Aus Sicht der Anleger und ihrer Anwälte lohnt sich eine Klage nicht, weil das Insolvenzrecht keine Erfolg versprechende Hebel bietet.

Wenn es allerdings um Eigentumsansprüche amerikanischer Banken und Unternehmen im Ausland geht, gilt Gläubigerrecht. Hier gibt es eine lange Tradition der US-Regierungen, solche Ansprüche mit allen zur Verfügung stehenden Mitteln, bis hin zum Staatsstreich, durchzusetzen. Ein Chapter 11 ist für solche Fälle nicht vorgesehen.

Dafür gilt wieder Schuldnerrecht, wenn es um die Verbindlichkeiten der US-Regierung im Ausland geht. Dass China für die rund zwei Billionen Dollar, die es in US-Anleihen angelegt hat, jemals etwas anderes bekommen wird als neue Schuldscheine, wird man sich in Peking kaum einbilden. Amerikanische Unternehmen nennenswerter Größe darf China jedenfalls nicht kaufen, wie es zum Beispiel 2005 nicht zum ersten Mal feststellte, als das chinesische Staatsunternehmen CNOOC den Raffineriebetreiber Unocal für 18 Milliarden Euro kaufen wollte. Diese sind im Zweifel von strategischer Bedeutung und daher tabu.

Offenbart die Finanzkrise die Schwächen der angelsächsisch geprägten Rechnungslegung?

Die deutsche Tradition in der Betriebswirtschaftslehre, die vom Vorsichtsprinzip geleitet ist und den Gläubigerschutz hoch hält, hat zwar in der Wissenschaft überlebt. Aber in der Praxis wird sie von angelsächsischen, marktorientierten Verfahren verdrängt. Das betrifft besonders die Bilanzierungsregeln und die Unternehmensbewertung.

Die marktorientierten IFRS-Regeln (International Financial Reporting Standards) setzen sich immer stärker zulasten der konservativeren deutschen Bilanzierungs- und Bewertungsmethoden durch. Dabei sollte die Finanzkrise den Verantwortlichen eigentlich genügend Grund zum Innehalten bieten. Denn die marktbasierten Regeln fußen auf der Annahme von vollkommenen Gleichgewichtsmärkten mit vollständiger Information und ohne Transaktionskosten. Diese Annahme wurde von der Finanzkrise als absolut unrealistisch entlarvt. Weil Informationen alles andere als vollständig, Transaktionskosten hoch sind und der Wettbewerb unvollkommen ist, gibt es keine objektiv richtigen Werte. Daher sind Marktpreise keine gute Annäherung an ein solches Konstrukt. Wenn Märkte vollkommen wären, gäbe es keine Unternehmen, denn Unternehmen sind Planwirtschaften, die Unvollkommenheiten der Märkte ausbügeln.

Weil die Theorie fehlerhaft ist, kann auch die darauf aufbauende Praxis nicht konsistent sein. Ein Beispiel: Wenn die von einem Konzern ausgegebenen Anleihen im Kurs sinken, weil es dem Unternehmen schlecht geht, dann sinkt der Marktwert seiner Verbindlichkeiten. Das Unternehmen kann deshalb nach IFRS höhere Gewinne ausweisen und ausschütten. So weisen nach IFRS die Commerzbank und die meisten anderen europäischen Banken Gewinne aus. Bilanziert die Commerzbank nach dem Handelsgesetzbuch, macht sie regelmäßig Verluste. Wer glaubt, dass es der Commerzbank und den anderen Banken in Europa gut geht? Die Banken jedenfalls nicht, sie leihen sich gegenseitig kein Geld.

Ein anderes Beispiel: Wer nicht lange genug Ökonomie oder angelsächsische Finanztheorie studiert hat, der fragt noch naiv: »Welcher Zins?«, wenn vom Gleichgewichtszins die Rede ist. Sind die zwei Prozent gemeint, die ich bekomme, wenn ich Geld bei der Bank anlege, oder die vier bis zwölf Prozent, die ich zahle, wenn ich Geld leihe. Über solche Unterschiede von enormer praktischer Bedeutung geht die marktorientierte Bewertungstheorie hinweg; die darauf aufbauende Praxis behilft sich, indem sie mehr oder weniger willkürlich gewählte Durchschnitte bildet. Das Ergebnis ist eine Scheinobjektivität, die vorgibt, den Anleger besser zu informieren, diesem Anspruch aber nicht gerecht werden kann.

Stimmt es, dass Unternehmen ihre »Kapitalkosten« verdienen müssen?

Kindermund tut Wahrheit kund, heißt es so schön. Ein Kind ist es im Märchen, das dem Kaiser sagt, dass er nackt ist. So ist es denn kein Wunder, dass eine Magisterarbeit eines gestandenen Praktikers mehr Wahrheit enthalten kann als die wissenschaftlichen Werke von einem Dutzend hochdekorierter Ökonomen.

Für seine BWL-Abschlussarbeit hat Erich Barzen – ein Anwalt im Geschäft mit Fusionen und Übernahmen – untersucht, wie die 30 größten deutschen Kapitalgesellschaften das berechnen, was die Betriebswirte als Kapitalkosten bezeichnen. Dabei handelt es sich nicht um »Kosten« im landläufigen Sinn, sondern um die Kosten des Fremdkapitals plus die vermeintlichen Erwartungen der Eigenkapitalgeber an die Verzinsung ihrer Anlage. Die Kapitalkosten dienen als Maßstab für die Bewertung des Unternehmens- und Managementerfolgs, denn mindestens die Kapitalkosten soll das Unternehmen erwirtschaften. Sie dienen auch als Abzinsungsfaktor für künftige Erträge eines Kaufobjekts, um den Unternehmenswert zu ermitteln. Je höher die Kapitalkosten in Prozent, desto weniger wert sind künftige Erträge.

Das Ergebnis der Untersuchung: Von den 29 Unternehmen im Aktienindex Dax, die Kapitalkosten in ihrem Geschäftsbericht angeben, legen nur acht die Hauptannahmen offen, die man braucht, um ihre Berechnungen nachvollziehbar zu machen. Ein Blick auf diese acht zeigt, welch riesige Ermessensspielräume es gibt.

Schon beim noch scheinbar am leichtesten objektiv feststellbaren Bestandteil der Eigenkapital-»kosten«, dem Zins einer sicheren Alternativanlage, reichten die Annahmen 2011 von 2,8 Prozent bei der Deutschen Börse bis 4,7 Prozent bei der Metro. Die Abschlüsse beider Unternehmen wurden von der gleichen Wirtschaftsprüfungsgesellschaft geprüft und genehmigt. Die Annahmen für die Marktrisikoprämie reichten von vier Prozent bei Eon bis 5,7 Prozent bei Lufthansa, beide wiederum geprüft vom gleichen Wirtschaftsprüfer.

Dass die Spanne bei der Marktrisikoprämie nicht ganz so groß ist, liegt nicht etwa daran, dass diese sich genauer berechnen lässt, sondern an einer Konvention. Die meisten Gesellschaften richten sich grob nach einer Empfehlung des Wirtschaftsprüferverbands und bleiben in der Gegend von fünf Prozent. Tatsächlich könnte man mit den nach einschlägigen Studien und Theorien zulässigen Methoden und Annahmen jeden Wert zwischen null und zehn Prozent rechtfertigen.

Das Spitzenpersonal der Unternehmen weiß natürlich, welch willkürlichen Unsinn es da fabriziert. Aber es kann gut damit leben, den Finanzmärkten und Wirtschaftsprüfern zu geben, was diese verlangen, kann es doch jeden Kapitalkostensatz produzieren, der ihm passt. Und die Wirtschaftsprüfer und BWL-Professoren leben sehr gut mit der Scheinobjektivität und Scheingenauigkeit, für deren Herstellung man auf ihre Dienste angewiesen ist.

So ist unter Betriebswirten fast unumstritten, dass ein Unternehmen die »Kapitalkosten« erwirtschaften muss. Doch nicht nur die willkürliche Berechnung der Kapitalkosten macht das zur Farce. Die Forderung selbst ist unsinnig. Beim Fremdkapital ist sie noch einsichtig. Wer mit dem Erlös einer Investition den Fremdkapitaldienst nicht leisten kann, hat schlecht gewirtschaftet. Es ist auch einsichtig, dass ein Eigenkapitalgeber mindestens so viel Rendite haben will, wie er mit einer sicheren Anlage erzielen könnte, plus einen Zuschlag für das erhöhte Risiko.

Fragwürdig ist aber die Berechnungsweise, die mit dem Begriff »Kapitalkosten« verbunden ist. Diese werden aus Kapitalmarktdaten berechnet. Damit man aus Marktpreisen Risikozuschläge errechnen kann, müssen Anleger immer rational und unabhängig von anderen Anlegern entscheiden und die Wahrscheinlichkeiten kennen, mit der alle möglichen künftigen Zustände der Welt eintreten. Nur dann kann man daraus, dass in der Vergangenheit Aktien eine um x Prozent höhere Rendite brachten als sichere Staatsanleihen, schließen, wie viel größer das Kursrisiko von Aktien ist. Doch die Annahme, dass man aus der realisierten Rendite schließen kann, welches Risiko vorher mit einer Anlage verbunden war, ist abwegig. Anders als beim Roulette gibt es keine feste Regel, dass die Rendite genau umgekehrt proportional zur bekannten Gewinnwahrscheinlichkeit ist. Das Leben ist kein geeichtes Roulette-Rad. Manchmal entwickeln sich Aktien lange Zeit viel besser als erwartet, manchmal viel schlechter. Man kennt die Wahrscheinlichkeiten vorher nicht.

Die abwegige Berechnungsweise der Eigenkapitalkosten verkehrt Ursache und Wirkung. Eigentlich sollten die Kapitalmarktanleger aus den Gewinnen und Dividenden der Unternehmen den passenden Aktienkurs ermitteln. Nach dem Kapitalkostenkonzept sollen dagegen die Unternehmen aus den Aktienkursen die richtige Höhe des Gewinns ableiten. Wenn die Aktionäre, aus welchem Grund auch immer, die Aktienkurse nach oben treiben, dann steigen angeblich die »Kapitalkosten«, und die Unternehmen müssen die Messlatte an die Rentabilität von Investitionen höher legen. Das ist Ausfluss einer bereits sehr weit verbreiteten Verwirrung des Denkens, wonach der Kapitalmarkt Maß aller Dinge ist.

Überbezahlte Nieten in Nadelstreifen oder Helden des Managements?

Verdienen die Vorstände wirklich, was sie verdienen?

Die Vergütungen der Vorstände großer deutscher Unternehmen haben sich, um den Kaufkraftverlust des Geldes bereinigt, von 1992 bis 2006 auf durchschnittlich 660 000 Euro verdoppelt. Bei den am besten bezahlten hat sie sich sogar auf rund 2,3 Millionen Euro vervierfacht. Nebenleistungen wie Aktienoptionen sind dabei eingerechnet. Nach einem krisenbedingten Rückgang war 2011 ein gutes Jahr für die Vorstände, was die Diskussion um ihre Bezahlung neu angefacht hat.

Seinen Ausgang nahm die rasante Gehaltsentwicklung der letzten zwei Jahrzehnte in den USA. Dort entwickelten Ökonomieprofessoren die Principal-Agent-Theorie. Sie befasst sich mit der Frage, wie sicherzustellen ist, dass Beauftragte (Agents), das tun, was im Sinne ihrer Auftraggeber (Principals) ist, und nicht das, was ihnen selber nützt.

Vorstände sollten davon abgehalten werden, sich ein ruhiges Leben zu machen oder ihrer Großmannssucht zu frönen und stattdessen einen Anreiz bekommen, das Vermögen der Aktionäre zu mehren. Die von den amerikanischen Ökonomen propagierte Lösung ist: höhere und vor allem erfolgsabhängige Bezahlung. Dafür wurden Aktienoptionen als besonders geeignet gepriesen. Die Regierung Clinton unterstützte das. Als sie eine Gehaltsgrenze von einer Million Dollar einführte, nahm sie erfolgsabhängige Aktienoptionen aus. Die Aktienoptionen wurden dann der Haupttreibsatz hinter der Himmelfahrt der Vorstandsvergütungen in den USA. Dort haben sie ein Niveau erreicht, das deutsche Vorstände vor Neid erblassen lässt. Öffentlichen Aufruhr verursachen in den USA erst dreistellige Millionenvergütungen für gescheiterte Unternehmenschefs.

Eines vergaßen die Verfechter der erfolgsabhängigen Vergütung sonderbarerweise: das Principal-Agent-Problem zwischen Aktionären und Aufsichtsräten. Erfolgsabhängige Vergütungssysteme fallen nicht vom Himmel, sondern müssen ausgehandelt werden. Vorstände wollen natürlich eine möglichst hohe Vergütung mit möglichst geringem Risiko. Die Aufsichtsräte sollten eigentlich im Sinne der Aktionäre Vergütungssysteme durchsetzen, die Einsatz und Erfolg belohnen und Misserfolg bestrafen.

Die von den Ökonomen ignorierte Frage ist, ob die Aufsichtsräte einen Anreiz dazu haben, ein solches Vergütungssystem durchzusetzen, oder ob sie nicht lieber ein gutes Verhältnis zu den Vorständen pflegen. Gerade im einstufigen System der USA, wo der Chief Executive Officer (CEO) oft auch Chairman of the Board ist und eine Abwahl des Boards gegen den Willen des CEO sehr schwer ist, beantwortet sich die Loyalitätsfrage für die Board-Mitglieder fast von selbst.

Ausgehandelt werden die Vergütungssysteme im Viereck zwischen Management, Aufsichtsgremium, Personalabteilung und Vergütungsberatern. Dabei kommt oft etwas heraus, was die Führungsspitze großzügig am Erfolg teilhaben lässt, Misserfolg aber nicht gleichermaßen abstraft. Wenn alle Aktien kräftig steigen, wird auch derjenige belohnt, der weit hinter der Konkurrenz zurückbleibt. Wenn alle Aktien kräftig fallen, ist das oft ein Grund, die Bedingungen nachträglich anzupassen, damit die Begünstigten wieder hoffen können, mit ihren Aktienoptionen ins Plus zu kommen.

Statt das Ausleben der Großmannssucht zu verhindern, fördert erfolgsabhängige Vergütung sie manchmal sogar. Denn wer durch teure Zukäufe ein größeres Unternehmen zimmert, muss nach der Logik der erfolgsabhängigen Vergütung mit einem – der Größe des neuen Unternehmens angemessenen – noch größeren Paket an Aktienoptionen zu Höchstleistung angespornt werden. Man denke an Jürgen Schrempp, der Millionen damit verdiente, dass er den Chefsessel von Daimler-Chrysler räumte und der Kurs daraufhin in die Höhe sprang. Er verdiente weitere Millionen, als die von ihm eingefädelte und für die Aktionäre desaströse Fusion mit Chrysler rückabgewickelt wurde.

Mit den Vergütungen stiegen die Abfindungen für gescheiterte Vorstände. Ein verärgerter Unternehmenschef kann den Aktionären großen Schaden zufügen, wenn er nicht befriedet wird. Das führt die erfolgsabhängige Vergütung ad absurdum. Zwar wird es kaum ein Vorstand aufs Scheitern anlegen, nur weil er dafür großzügig finanziell entschädigt würde. Wer so ein Arbeitsethos hat, wird es kaum zum Spitzenmanager bringen. Aber damit ist man zurück bei der alten Idee, dass man Leute auswählen sollte, auf die man sich verlassen kann, die den Unternehmenswert auch dann zu mehren versuchen, wenn sie dafür nicht Cent für Cent extra bezahlt werden. Ein Aufsichtsrat, der das nicht sicherstellen kann, wird auch nicht durchsetzen, dass ein erfolgsabhängiges Vergütungssystem vor allem den Aktionären nutzt und nicht den Vorständen. Will man die Vorstände stärker an den Willen der Aktionäre binden, so muss man nur die Rechte der Aktionäre stärken. Dass sie den Bericht über die Vergütung des Vorstands zwar ablehnen können, dass dies aber keine Folgen hat, zeigt, dass die Unternehmenseliten sich die Möglichkeit zur Selbstbereicherung nicht nehmen lassen wollen. Der Gesetzgeber deckt sie bisher.

Sollten die Boni der Vorstände an die Grundgehälter gekoppelt werden?

Staatliche Eingriffe in die Vergütung von Managern sind gefährlich. Krude Regeln können umgangen oder gar ins Gegenteil des Beabsichtigten verkehrt werden, wie das Beispiel der Vergütungsbegrenzung auf eine Million Dollar deutlich macht, bei der US-Präsident Bill Clinton erfolgsabhängige Vergütungen ausnahm. Weil dadurch die besonders intransparente und für Missbrauch anfällige Bezahlung mit Aktienoptionen zum wichtigsten Gehaltsbestandteil für viele Manager wurden, nahmen die Gehälter viel stärker zu, als sie ohne dieses Gesetz gestiegen wären. Die hohen gewinnabhängigen Vergütungen stehen im Verdacht, zur großen Finanzkrise beigetragen zu haben, indem sie übertriebene Anreize zum Risiko und zur kurzfristigen Renditemaximierung setzten. Im Zuge der Aktienhausse explodierten die Effektivvergütungen und erreichten in den USA teilweise dreistellige Millionensummen.

Das EU-Parlament plant nun einen Eingriff in die Gegenrichtung. Es will festlegen, dass Boni das Grundgehalt nicht übersteigen dürfen oder sogar ein Stück weit darunter bleiben müssen. Ein Eingriff ist prinzipiell gerechtfertigt, weil man davon ausgehen muss, dass viele Spitzenmanager ihre Vergütungsregeln mit dem Segen willfähriger Aufseher weitgehend selbst festlegen.

Ist die Kopplung der Boni an das Grundgehalt sinnvoll? Sie erreicht immerhin eine höhere Transparenz und begrenzt den Anreiz, übertriebene Risiken einzugehen. Ob es der sinnvollste mögliche Eingriff ist, ist allerdings fraglich. Wenn die Boni im Prinzip an ein Erfolgsmaß gekoppelt, aber nach oben gedeckelt sind, ergeben sich komplizierte, vorher kaum absehbare Anreizwirkungen. Wenn im Jahresverlauf abzusehen ist, dass die Deckelung greifen könnte, mag ein Vorstandschef zum Beispiel versucht sein, Erträge in das Folgejahr zu verschieben – zum eigenen Nutzen, aber zum Schaden der Aktionäre.

Sinnvoller wäre es, eine oder mehrere zulässige Bezugsgrößen für die Boni festzulegen. Ein guter Kandidat sind die Dividendenzahlungen über mehrere Jahre. Das würde die bisher im

Wesentlichen auf die Finanzbranche beschränkten Initiativen verbreitern, die Boni an den langfristigen statt an den kurzfristigen Unternehmenserfolg zu koppeln. Der Bilanzgewinn eines Jahres, der allzu leicht manipulierbar ist, ist als Bezugsgröße für Boni jedenfalls ungeeignet.

Dürfen deutsche Vorstände Insiderhandel betreiben?

Es ist eine Straftat, Informationen, die geeignet sind, den Kurs eines Wertpapiers zu bewegen, für Gewinn bringende Börsengeschäfte zu nutzen, bevor diese Informationen der Öffentlichkeit zur Verfügung stehen. Das hat einen guten Grund. Denn der Gewinn des einen bei der Auswahl des richtigen Kauf- oder Verkaufszeitpunkts ist der Verlust eines anderen. Wer Insiderinformationen nutzt, schadet allen anderen Investoren. Die Rendite, die diese erwarten können, sinkt, wenn Insider durch geschicktes Timing Rendite stehlen.

Die Definition von Insiderinformationen beschränkt sich allerdings auf konkrete, kursrelevante Informationen, die so wichtig sind, dass Unternehmen sie per Ad-hoc-Veröffentlichung sofort mitteilen müssen. Das ist zum Beispiel ein Übernahmeangebot, ein großer Auftrag oder der Rücktritt eines Vorstands.

Für die meisten Arten von Insidern ist diese Definition ausreichend. Es gibt jedoch eine Gruppe, die über eine solche Fülle von Informationen unterhalb der Ad-hoc-Schwelle verfügt, dass deren Nutzung für Wertpapiergeschäfte andere Investoren benachteiligt. Das sind die Vorstände von Unternehmen, insbesondere die Vorstandsvorsitzenden. Sie wissen nicht nur früh von kursrelevanten Tatsachen, sie können oft auch steuern, ob und wann diese eintreten. Sie haben weit besseres Wissen über die Entwicklung des Unternehmenswerts, als es die Öffentlichkeit aus den ihr zugänglichen Informationen je bekommen kann.

Gleichzeitig bekommen Vorstände oft einen großen Teil ihres Gehalts in Form von Aktien und Aktienoptionen. Aus Gründen der Risikostreuung und um ihre Ausgaben zu decken wollen sie diese normalerweise laufend verkaufen. Das zwingt sie zu Insiderhandel, ob sie wollen oder nicht. Ein Vorstandsvorsitzender, der auf Aktienverkäufe verzichtet oder gar zukauft, weil er meint, dass die Börse sein Unternehmen unterbewertet, lässt in diese Einschätzung eine Fülle von Informationen über das Unternehmen einfließen, die Aktienanalysten und Investoren nicht haben.

Viele Unternehmen haben immerhin in den letzten Jahren sogenannte Blackout-Perioden eingeführt. Das sind Zeiten um die Bekanntgabe von Geschäftszahlen, in denen Angehörige des Unternehmens nicht mit den Aktien des Unternehmens handeln dürfen. Aber das mildert das Problem nur etwas. Es wäre leicht, es weitgehend oder ganz abzustellen. Eine einfache Möglichkeit wäre, dass Unternehmensangehörige Aktienkäufe und -verkäufe mit einem beträchtlichen Vorlauf bei einer internen Aufsichtsstelle ankündigen müssen. Eine weitergehende, dass sie die Ausübung von Aktienoptionen und Verkäufe von Aktien aus ihren Vergütungspaketen nach einem vorher vereinbarten Zeitplan über das Jahr verteilt vornehmen müssen. Doch, wie wir bereits gesehen haben, deckt der Gesetzgeber den Wunsch der Unternehmenselite, sich ungehindert bereichern zu dürfen.

Der Staat gibt, der Staat nimmt

Macht die Bevölkerungsalterung die Renten unbezahlbar?

Weil wir immer weniger Kinder in die Welt setzen, schrumpft die deutsche Bevölkerung und wird immer älter. Das wird fast nur mit negativen Ausdrücken belegt wie Demografieproblem oder in der alarmierenden Variante: demografische Zeitbombe. Seit mindestens dreißig Jahren hören wir solche Warnungen, aber bisher ist die Katastrophe ausgeblieben. Die Bombe tickt und tickt und tickt immer weiter, scheinbar ohne je zu explodieren.

Das hartnäckige Ausbleiben der Katastrophe lässt sich einfach erklären. Es klingt zunächst einmal schlimm, wenn der Anteil der Menschen im erwerbsfähigen Alter bis 2060 von 60 Prozent auf 50 Prozent sinkt, während gleichzeitig der Anteil der über

65-jährigen von einem Fünftel auf ein Drittel steigt. Für die wenigen Aktiven scheint es dann kaum noch zu stemmen, für die vielen Alten und sich selbst noch einen Lebensunterhalt wie früher zu erwirtschaften.

Der Kontrast mit der Situation bei Einführung der Rentenversicherung Ende des 19. Jahrhunderts ist eindrucksvoll. Ein 50-jähriger Mann erreichte damals im Durchschnitt gerade so das Rentenalter von 70 Jahren. Auch im Jahr 1957, als das heutige Umlageverfahren mit einem Beitragssatz von 14 Prozent eingeführt wurde, war die Rentenbezugszeit noch viel kürzer als heute. Inzwischen läuft diese auf zwanzig Jahre zu, und wir können uns die Rentner immer noch leisten. Neben dem Durchschnittsalter steigt nämlich auch die Produktivität, und zwar schneller als die Lebenserwartung.

Wenn die um die Geldentwertung bereinigte Wirtschaftsleistung pro Beschäftigtem aufgrund des Produktivitätsfortschritts in den nächsten 48 Jahren nur um ein bescheidenes Prozent pro Jahr steigt, ergibt das eine Zunahme von 60 Prozent, bei 1,5 Prozent pro Jahr sogar 100 Prozent. Die 50 Prozent Aktiven im Jahr 2060 können dann ohne Mehrarbeit eine Wirtschaftsleistung erbringen, die um ein bis zwei Drittel höher ist als die der heute aktiven 60 Prozent. Weil Arbeitskräfte knapper werden, dürfte zusätzlich die Arbeitslosigkeit sinken und die Erwerbsbeteiligung steigen.

Allein in den letzten zehn Jahren ist die durchschnittliche Lebensarbeitszeit der Deutschen wegen der steigenden Erwerbsbeteiligung von Frauen und der höheren Lebenserwartung um zweieinhalb Jahre auf 34,3 Jahre gestiegen. Der Ausbildungsstand der Arbeitskräfte dürfte sich ebenfalls verbessern.

Wohnen wird billiger, wenn wir weniger werden, allgemein sinken die Überfüllungskosten. Doch der ganz große Gewinn des Geburtenrückgangs in den Industrieländern liegt darin, dass wir eine Chance haben, den Heimatplaneten für unsere Enkel lebenswert zu erhalten. Sieben Milliarden Menschen mit steigendem Energieverbrauch drohen die Klimaerwärmung anzuheizen. Wenn wenigstens die Bevölkerung der Industrieländer mit ihrem weit überdurchschnittlichen Energieverbrauch sinkt, entschärft das die Lage beträchtlich.

Hilft die Riester-Rente Geringverdienern für das Alter vorzusorgen?

Seit Einführung der Riester-Rente im Jahr 2002 hat der Staat bis 2010 insgesamt 3,5 Milliarden Euro ausgegeben, um diese private Zusatzrente zu subventionieren. Das hat Professor Axel Börsch-Supan errechnet. Parallel zur Förderung dieser privaten Altersvorsorge senkte der Staat das Rentenniveau für künftige Rentenbezieher.

Das Prinzip war also, die Renten zu kürzen, um die Versicherungsbeiträge der Arbeitnehmer und Unternehmen nicht steigen zu lassen, gleichzeitig aber Bürgern und Unternehmen das, was sie bei den Rentenbeiträgen sparen, über die Steuer wieder abzunehmen, um damit eine Zusatzrente für einen Teil der Arbeitnehmer hoch zu subventionieren. Denn ohne die Subvention der Riester-Rente hätte der Staat die Steuern senken können.

Ein solches Vorgehen ließe sich theoretisch mit erwünschten Verteilungswirkungen rechtfertigen. Die Riester-Rente soll erklärtermaßen neben Familien vor allem den Beziehern geringer Einkommen helfen, Geld für das Alter zurückzulegen. Das ist erkennbar und vorhersehbar nicht geglückt. Mit rund 25 Prozent ist die Quote derer, die einen Riester-Sparplan haben, bei den untersten 40 Prozent der Haushalte nach Einkommen weniger als halb so hoch wie beim obersten Fünftel. Das heißt: Drei Viertel einer Zielgruppe der Riester-Rente würden sich vermutlich besserstellen, wenn der Staat die Rentenabsenkung weniger drastisch hätte ausfallen lassen und dafür auf die teure Subventionierung der Riester-Rente verzichtet hätte. Denn drei Viertel der Geringverdiener nehmen die Subvention nicht in Anspruch, müssen aber die gekürzten Rentenansprüche in Kauf nehmen und die Subvention für die besser Verdienenden Riester-Sparer mitfinanzieren.

Zwar ist die Riester-Rente so ausgestaltet, dass sie für Leute mit geringem Einkommen durchaus attraktiver ist. Doch haben die Geringverdiener eben oft schon zu kämpfen, ihre Ausgaben zu bestreiten und meinen sich die Ausgaben für eine Zusatzrente nicht leisten zu können.

Die geringe Teilnahmequote ausgerechnet derer, die wenig verdienen und eine besonders geringe Rente haben werden, zeigt gleichzeitig das Scheitern einer zweiten möglichen Zielsetzung, nämlich für eine höhere Ersparnis für das Alter zu sorgen. Wer nicht mitmacht, kann auch nicht zu verstärktem Sparen angehalten werden. Wer nicht mitmacht, spart sogar durch die relative Absenkung der Rentenbeiträge weniger für das Alter als ohne diesen Politikwechsel.

Doch die Reform hat nicht nur Verlierer. Neben den gut verdienenden Teilnehmern und den besonders begünstigten Eltern mehrerer Kinder profitiert vor allem die Finanzbranche. Deren Gebühren bei Riester-Produkten sind nicht gerade transparent und oft so hoch, dass sie über die Laufzeit der Pläne die staatliche Subvention auffressen. An der dafür gekürzten staatlichen Rente verdiente die Finanzbranche dagegen so gut wie nichts. Als die Riester-Beteiligung am Anfang zu wünschen übrig ließ, war denn auch die wichtigste Neuerung, den Anbietern ein früheres Abziehen der Abschlussgebühren zu erlauben. Das brachte den Durchbruch. Auch mein Versicherungsberater, der mir zuvor vom Riestern abgeraten hatte, legte mir danach einen Abschluss wiederholt und wärmstens ans Herz.

Ist ein hohes bedingungsloses Grundeinkommen für alle finanzierbar?

Was genau die Piratenpartei mit dem von ihr geforderten bedingungslosen Grundeinkommen meint, ist unbekannt. Aber Götz Werner, Anthroposoph und Gründer der Drogeriemarktkette dm, hat sein Konzept in einem Wirtschaftsbestseller beschrieben. Tausend Euro pro Monat für jeden und jede. Wer einen Job hat, bekommt die 1 000 Euro oben drauf. Alle anderen Sozialleistungen gehen langfristig in diesem Grundeinkommen auf.

Das Konzept wäre leicht zu finanzieren, wenn man einfach mehr Geld druckt. Dann würde durch Inflation die Kaufkraft des Grundeinkommens auf das Niveau von Hartz-IV oder darunter sinken. Aber Deutschland ist in einer Währungsunion und kann deshalb die Geldmenge nicht ausdehnen. Und gemeint kann das ja auch nicht sein, wenn man schon einen so hohen Wert in den Raum stellt. Gehen wir also davon aus, die 1000 Euro sollen wirklich die Kaufkraft von heutigen 1000 Euro haben und so ein Leben deutlich über dem Wohlstandsniveau von Hartz IV ermöglichen, ausdrücklich auch für diejenigen, die – aus welchem Grund auch immer – nicht arbeiten wollen.

Tausend Euro für jeden Deutschen sind 80 Milliarden Euro im Monat, 960 Milliarden im Jahr, mehr als ein Drittel der Jahreswirtschaftsleistung. Wenn man das Konzept tatsächlich zur Gänze umsetzen und alle anderen Sozialleistungen wie Wohngeld, Bafög, Kindergeld und so weiter streichen würde, käme wieder einiges herein, aber einige Dutzend Milliarden wären zusätzlich zu finanzieren.

Dafür müsste der Staat die Steuern kräftig erhöhen. Wenn er bei der Mehrwertsteuer zulangt, ist der Effekt Inflation. Man kann sich für sein Grundeinkommen und sein selbst verdientes Geld weniger kaufen. Wenn die Einkommensteuer erhöht wird, trifft es vor allem diejenigen, die arbeiten, abgesehen von den wenigen, die von Kapitaleinkommen leben. Erwerbsarbeit wird unattraktiver. Wer keine innere Motivation hat zu arbeiten und keine Aussicht auf einen befriedigenden Job, lässt es sein und führt ein bescheidenes aber auskömmliches Leben des Müßiggangs. Das kann soziales Engagement einschließen, muss es aber nicht. Oder er widmet sich der viel attraktiver werdenden Schwarzarbeit. Die Motivierten und Hochqualifizierten arbeiten weiter, auch wenn das Gehalt nach Steuern sinkt. Die Gesellschaft spaltet sich in Müßiggänger, Schwarzarbeiter und offiziell Erwerbsarbeitende.

Es würde wohl schwierig werden, genug Menschen zu motivieren, schwere, unattraktive manuelle Arbeit zu tun. Es besteht zumindest das Risiko, dass die Löhne für diese Art von Arbeit kräftig steigen müssen, Mechanisierung zur Arbeitsersparnis würde zunehmen. Das wäre an sich nicht schlimm, wenn entsprechend mehr hochqualifizierte Arbeitskräfte entstünden. Das Konzept enthält aber wenig, was einen da sehr zuversichtlich werden ließe. Eher würde es wohl darauf hinauslaufen, dass die unattraktiven Arbeiten von legalen oder illegalen Zuwanderern erledigt würden, die keinen Anspruch auf das Grundeinkommen hätten.

Es spricht wenig dagegen, sogar viel dafür, wenn Herr Werner und andere ihre Philosophie von der Welt, in der sie leben möchten, ausbreiten. Eine solche Philosophie als großen Wurf umzusetzen, bräuchte es aber wahrscheinlich einen Diktator. Schließlich sind die vielen Einzelregelungen Ergebnis des Wirkens von Parteien, die gewählt werden wollen.

Abgesehen davon wäre das Risiko beträchtlich. Denn niemand kann guten Gewissens von sich behaupten, er könne die Wirkungen einer solch umfassenden Umgestaltung einigermaßen verlässlich voraussehen. Es ist aber kaum ein Grund ersichtlich, dass das, was unter dem Stichwort bedingungsloses Grundeinkommen gefordert wird, nur in einem Rutsch umgesetzt werden könnte.

Man kann auch moderatere Schritte tun, die einen in Richtung des Ziels führen, aber korrigiert werden können, wenn die Wähler merken, dass sie das nicht wollen. Dabei zeigt sich dann auch, dass hinter den verschiedenen Konzepten zum bedingungslosen Grundeinkommen sehr unterschiedliche politische Ziele stehen. Manche wollen vor allem weniger Sozialleistungen. Sollen sie offen dafür werben. Andere wollen, dass der Druck auf Geringqualifizierte jede Arbeit zu Niedrigstlöhnen anzunehmen, gemindert wird. Dagegen hilft ein Mindestlohn, eine Aufstockung der Sozialhilfe oder weniger Druck auf die Empfänger. In diesem Zusammenhang kann man fragwürdige oder mit hohem Verteilaufwand verbundene Sozialleistungen straffen. Wenn den Wählern das gefällt, können sie mehr davon bekommen.

Meine eigene, unmaßgebliche Einschätzung ist, dass die große Mehrheit der Wähler, anders als Götz Werner, der Meinung ist, dass man eine Verpflichtung gegenüber der Gesellschaft hat, seinen Unterhalt nach Kräften selbst zu verdienen, und dass vieles von der geschmähten Vielfalt an Sozialleistungen, bei allem Aufwand, den die Verwaltung verursacht, einen großen Rückhalt in der Bevölkerung hat.

Fördert der Staat tatsächlich ein Scheinstudium mit 2000 Euro pro Jahr?

Ja, denn wer Abitur oder Fachhochschulreife hat, dessen Eltern können bis zum Alter von 25 Jahren Kindergeld beziehen. Alles was sie tun müssen ist, sich als Studenten einzuschreiben, bevorzugt in einem Bundesland ohne Studiengebühren. Dabei stört es nicht, wenn der Nachwuchs einen Vollzeitjob hat. Es stört auch nicht, wenn er Vermögen geerbt hat und hohe Zinseinnahmen erzielt.

Nachzulesen ist das im Steuervereinfachungsgesetz 2011 (BGBl. I S. 2131), gültig seit Januar 2012. Darin ist geregelt, dass es künftig keine Einkommensgrenze mehr für den Bezug von Kindergeld gibt. Voraussetzung ist bei volljährigen Kindern weiterhin, dass sie sich in Ausbildung befinden. Der Nachweis, dass man tatsächlich studiert, wird nicht verlangt.

Wer über Lehre und Berufstätigkeit die Studienberechtigung erworben hat, dessen Eltern kommen nicht so leicht an Kindergeld. Denn für Kinder in Zweitausbildung gibt es nur Kindergeld, wenn sie weniger als 20 Stunden pro Woche arbeiten. Es scheint nur für das Bildungsbürgertum gedacht zu sein, dieses Privileg.

2012 konnten Deutschlands berufstätige Abiturienten erstmals von dieser Möglichkeit Gebrauch machen. Scheinstudenten gibt es auch vorher schon viele, weil ein Scheinstudium Vergünstigungen beim Nahverkehr und vergünstigte Eintrittspreise sowie versicherungstechnische Vorteile bietet. Vor allem Professoren in technischen Studiengängen, bei denen es selten Zugangsbeschränkungen gibt, berichten von beträchtlichen Diskrepanzen zwischen der Anzahl der Neueinschreibungen und der Anzahl derer, die sich für Pflichtveranstaltungen eintragen und Prüfungen ablegen. Die Hochschulen haben keinen Anreiz, solche Diskrepanzen aufzuklären und Karteileichen auszusondern. Die Geldzuweisungen an sie richten sich weitgehend nach der Zahl der eingeschriebenen, nicht nach der Zahl der tatsächlich Studierenden. Der Ansturm der Studenten auf die Universitäten im Herbst 2012 übertraf alle Erwartungen. Zufall?

Das offizielle Ziel, den Bürgern »umfangreichen Ermittlungs- und Erklärungsaufwand« zu ersparen, ist löblich. Üblich ist es deshalb im Steuerrecht, sich auf Stichproben zu konzentrieren, wenn Vollkontrolle zu aufwendig ist. Eltern von sozialversicherungspflichtig beschäftigten jungen Menschen würden sich auch ohne Prüfung kaum trauen, Kindergeld in Anspruch zu nehmen, wenn das nicht legal wäre. Zu Recht wird von Sozialhilfeempfängern der Nachweis der Anspruchsberechtigung erwartet. Warum soll das für das Bildungsbürgertum eine Zumutung sein?

Fördert unser Steuerrecht den Export von Arbeitsplätzen?

Das deutsche (und internationale) Steuerrecht stammt aus einer Zeit, als Globalisierung noch ein Fremdwort war. Im März 2012 veröffentlichte die Industrieländerorganisation OECD einen Bericht, wonach die Regierungen jedes Jahr viele Milliarden Dollar an Steuereinnahmen verlieren, weil Steuerpflichtige durch internationale Kapitalverschiebungen der Steuerpflicht entgehen.

Das ist schön für alle, die das nutzen können, um ihre Steuerlast zu senken. Doch es führt dazu, dass die Steuerlast unverhältnismäßig auf diejenigen fällt, denen solche Ausweichmöglichkeiten nicht offenstehen. Kleinere, lokal gebundene Unternehmen werden gegenüber Konzernen benachteiligt. Und die Bereitstellung von Arbeitsplätzen im Inland wird mit besonders hohen Abgaben belegt.

Beispiel 1: Konzerne, die in Mittelosteuropa Betriebsstätten aufbauen, können die Kreditkosten für die Investitionen bei uns von der Steuer absetzen. Und zwar unabhängig davon, ob sie jemals den Gewinn, den diese Betriebsstätten erwirtschaften, in Deutschland versteuern (§ 8b KStG). Da die Unternehmenssteuern dort meist deutlich niedriger sind als bei uns, sorgen die Konzerne oft dafür, dass die Gewinne in Rumänien oder Tschechien anfallen. Der Fiskus subventioniert also Arbeitsplatzverlagerung ins Ausland.

Beispiel 2: Die Bruttolöhne, die ein Unternehmen in Deutschland bezahlt, werden mit einer Steuer- und Abgabenlast von rund 45 Prozent belegt. Das Kapital, welches das Unternehmen in Deutschland einsetzt, wird dagegen nicht direkt besteuert, abgesehen von einer kleinen Zurechnung der ausbezahlten Schuldzinsen bei der Gewerbesteuer. Auch eine nachgelagerte Besteuerung bei den Empfängern der Kapitalvergütung findet oft nicht statt. Vieles fließt über verschachtelte Holding-Konstruktionen unter Beteiligung von Briefkästen in Steuerparadiesen tatsächlich oder pro forma ins Ausland und bleibt steuerfrei.

Auch den in Deutschland erwirtschafteten Gewinn können international agierende Konzerne leicht über Transferpreise und Lizenzgebühren dort anfallen lassen, wo geringe oder keine Steuern anfallen.

All das begünstigt die moderne, kapitalintensive Produktionsweise, mit der Deutschland sich im internationalen Wettbewerb so gut behauptet. Doch wenn das Kapital gleichmäßig besteuert würde, könnte man die Steuersätze für alle senken und würde ortsgebundene heimische Unternehmen nicht unfair benachteiligen.

Mit einer Vielzahl von Ad-hoc-Regeln und Gesetzen versucht der Fiskus, die Verlagerung von Gewinnen oder anderen Steuertatbeständen ins Ausland zu unterbinden. Dazu gehören die vielkritisierte Zinsschranke, penible Prüfungen von Verrechnungspreisen und Lizenzgebühren, die Hinzurechnungsbesteuerung beziehungsweise der Nachweis von Mindestaktivitäten nach dem Außensteuergesetz und vieles mehr.

Diese Ad-hoc-Regeln sind für Steuerzahler und Steuerverwaltung aufwendig umzusetzen und produzieren aus Sicht der Steuerzahler willkürliche Einzelfallentscheidungen. Teilweise vermeiden sie nur Exzesse, wie etwa die Zinsschranke, oder sind für einen Teil der Betroffenen leicht zu umgehen, vor allem für Konzerne mit Sitz im Ausland.

Im Prinzip ist es für alle international tätigen Unternehmen möglich, die Abläufe so zu gestalten, dass der Gewinn im Land mit den geringeren Steuersätzen anfällt. Der administrative Aufwand ist aber groß. Teure Rechtanwaltskanzleien sind in Anspruch zu nehmen. Für mittelständische Unternehmen rechnet sich das nicht. Aber, sie haben mit Prüfungen und Regeln gegen

Steuervermeidung zu kämpfen, die vor allem – aber oft vergebens – die Großen an der Steuerverschiebung hindern sollen.

Viele der Ad-hoc-Regeln zur Eindämmung der Steuerverschiebung könnte man sich sparen, wenn man das Kapitalentgelt dort besteuern würde, wo es erwirtschaftet wird, nämlich im Unternehmen, dort wo es nicht mobil ist, weil es im Produktionsprozess gebunden ist. So geschieht das auch beim Arbeitseinsatz über die Lohnsteuer. Das zu versteuernde Kapitalentgelt ist zu ermitteln als Erlöse minus Arbeitsentgelt und minus Vorleistungen. Zwischen Eigenkaptal und Fremdkapital ist nicht zu unterscheiden.

Für den Handwerksmeister mag es ein Problem sein, wenn er auch in schlechten Zeiten, in denen er keinen Gewinn macht, Steuern zahlen soll. Das könnte durch Freibeträge berücksichtigt werden. Aber ein großes Unternehmen wird ohnehin vom Kapitalmarkt nach dem erwirtschafteten Kapitalentgelt (dem EBIT) bewertet. Die Argumente, die bei Arbeitnehmern für eine Besteuerung an der Quelle sprechen, sprechen beim Kapitaleinsatz noch stärker dafür, weil Finanzströme international sehr mobil sind.

Es wäre kein Schaden, wenn die Unternehmen mit einer verstärkten Eigenkapitalfinanzierung reagieren würden. Schließlich arbeiten sehr viele Unternehmen aus rein steuerlichen Gründen mit viel weniger Eigenkapital, als ihnen im Krisenfall guttut.

Würde ein Spitzensteuersatz von 75 Prozent jede Initiative ersticken?

Der französische Präsident François Hollande hat als Kandidat für Aufsehen gesorgt. Er kündigte an, den Spitzensteuersatz für Einkommensmillionäre auf 75 Prozent zu erhöhen, und setzte das nach seinem Wahlsieg sogar um.

Argumente gegen eine solch drastische Besteuerung gibt es viele. Die Betroffenen könnten etwa ihren Arbeitseinsatz drosseln oder in legale und illegale Steuerschlupflöcher flüchten. Noch schlimmer wäre es allerdings, wenn niemand mehr das

Risiko einginge, ein Unternehmen zu gründen oder zu investieren, wenn er im Erfolgsfall das meiste an den Staat abgeben müsste.

Es gab eine Zeit, in der die USA teilweise solch hohe Steuersätze für Spitzenverdiener hatten und es ein sehr starkes Auf und Ab bei den Sätzen gab. Das waren die Jahre von 1919 bis 1940.

Die ehemalige Vorsitzende des ökonomischen Beraterstabs von Präsident Barack Obama, Christina Romer, und ihr Mann David haben diese Zeit analysiert, in der der Spitzensteuersatz von 77 Prozent auf 24 Prozent gedrittelt wurde, um dann wieder auf 86,9 Prozent zu steigen. Das steuerpflichtige Einkommen der Hochverdiener reagierte zwar auf die massiven Steuersatzänderungen, allerdings in Maßen.

Wenn der Steuersatz um zehn Prozent stieg, also zum Beispiel von 70 auf 77 Prozent, ging das deklarierte zu versteuernde Einkommen um 1,9 Prozent zurück. Das misst den eher kurzfristigen Effekt der Steuervermeidungsstrategien weniger arbeiten oder Einkommen verstecken. Wenn das alles wäre, dann läge der Spitzensteuersatz, der das Steueraufkommen maximiert, irgendwo zwischen 73 und 84 Prozent.

Das gewichtigere Gegenargument liefern die befürchteten negativen Effekte auf das Wirtschaftswachstum. Hier fällt es nicht so leicht, Entwarnung zu geben, weil die stichhaltige Verknüpfung von Ursache und Wirkung bei langfristigen Effekten naturgemäß sehr schwierig ist.

Aber: Trotz der großen Variation der Steuersätze waren in der Zwischenkriegszeit keine deutlichen Auswirkungen auf die Investitionsneigung und nur ansatzweise solche auf die Anzahl der Unternehmensgründungen zu erkennen. Was immer es an Wirkungen gab, wurde offenbar von anderen Einflüssen in den Schatten gestellt.

In Europa stellt, anders als in den USA, der Wettbewerb um Steuerzahler ein Problem für Staaten mit hohen Steuern dar. Gerade die sehr gut Verdienenden sind oft sehr mobil und können in einem Staat leben und im anderen arbeiten, oder sie arbeiten ohnehin an vielen verschiedenen Orten. Dagegen würde helfen, was in den USA üblich war, bis die Erbschaftsteuer ausgesetzt wurde. Wer sich ins Ausland verabschiedete, wurde besteuert, als würde er sein Vermögen vererben.

Fazit: Dass hohe Steuersätze für Spitzenverdiener diesen den Arbeitseifer nehmen und den Staat in die Pleite treiben, lässt sich nicht belegen. Die Frage, ob sie der Wirtschaft erheblichen Schaden zufügen, ist offen. Ein bisschen sieht es so aus, als ob man die Diskussion eher auf der Ebene der Fairness führen müsste als auf der der ökonomischen Effizienz.

Ist die Pendlerpauschale sozial ungerecht?

Wenn der Benzinpreis steigt, entbrennt regelmäßig eine Debatte über die Höhe der Kilometerpauschale. Die Abzugsfähigkeit der Wegkosten soll dafür sorgen, dass man keine Steuern auf Einkommen zahlt, über das man gar nicht verfügen kann. Unter diesem Gesichtspunkt sollte die Anpassung der Pendlerpauschale an steigende Energiekosten selbstverständlich sein.

Allerdings hat die Pauschale ein grundlegendes Problem, weshalb sich so trefflich über ihren Sinn streiten lässt: Die Pendelkosten sind nämlich nur ein Teil der geografischen Aufwendungen für Arbeitnehmer. Der andere, steuerlich nicht abzugsfähige Teil ist das, was Ökonomen »Lagerente« nennen. Das ist die Prämie, die ein Vermieter oder Verkäufer dafür verlangen kann, dass sein Grundstück an einem attraktiven Ort liegt, in unserem Fall, nahe an den Arbeitsplätzen einer Stadt.

Stadtbewohner nehmen unter anderem dafür höhere Wohnkosten in Kauf, dass sie Zeit und Transportkosten sparen, weil der Weg zur Arbeit kürzer ist. Wer hingegen dorthin zieht, wo die Mieten und Preise niedriger sind, tauscht die steuerlich nicht abzugsfähige Lagerente gegen die abzugsfähigen Pendelkosten zum entfernten Arbeitsplatz.

Der Wohnort im Grünen lohnt sich am ehesten für jene, die viele Quadratmeter Wohnfläche beanspruchen. Denn je größer das eigene Zuhause, desto höher ist die Ersparnis an Lagerente. Verlockend ist diese Rechnung vor allem für Paare mit Kindern, vor allem solche mit hohem Einkommen. Denn Menschen mit hohen Steuersätzen sparen durch Abzug der Fahrtkosten besonders viel Steuern.

Die Pendlerpauschale bietet also wohlhabenden Familien einen finanziellen Anreiz, die Stadt zu verlassen und ins entferntere Umland zu ziehen. Auf der anderen Seite kostet das den Finanzminister Einnahmen. Der vom Verfassungsgericht 2008 als »willkürliche Unterscheidung« verworfene Versuch der Bundesregierung, die Pendlerpauschale erst ab dem 21. Kilometer zu gewähren, wäre also mit der Landrenten-Problematik gut begründbar gewesen. Denn diese spielt vor allem bis zu einer üblichen Umland-Pendelentfernung eine Rolle. Allerdings hatte die Bundesregierung damals keinen ernsthaften Versuch unternommen, den Verfassungsrichtern diese Theorie tatsächlich nahezubringen.

Wer wegen häufiger Versetzungen oder räumlicher Bindung von Lebenspartnern und Familie weites Pendeln in Kauf nehmen muss, ist natürlich anders zu behandeln, als jemand, der seinen Standort aus freien Stücken weit weg vom Arbeitsplatz wählt. Eine Beschränkung der Abzugsfähigkeit auf Entfernungen ab dem 21. Kilometer wäre ein krudes Mittel, um die Standortentscheidung der Optimierer nicht zu verzerren und gleichzeitig den Schaden für die Zwangspendler in Grenzen zu halten. Dabei sollte das, was bei den ersten 20 Kilometern gespart wird, fairer Weise eingesetzt werden, um die Pauschale für die größeren Strecken näher an die tatsächlichen Kosten zu bringen.

Wollte man mehr Einzelfallgerechtigkeit erreichen, müsste man genauer hinschauen. Bei Entfernungen über 25 oder 30 Kilometer kann man getrost davon ausgehen, dass wenige zur Standortoptimierung pendeln. Bei geringeren Entfernungen könnte man den Steuerpflichtigen ermöglichen, darzulegen, dass nicht Standortoptimierung der Grund für die Notwendigkeit des Pendelns ist. Häufige Versetzungen, der Arbeitsplatz des Lebenspartners, schulpflichtige Kinder und seit längerem selbst genutzter Immobilienbesitz sind leicht nachweisbare Merkmale, die das zeigen können. Wer aber – mit oder ohne Familie – ins Umland abwandert oder sich bei Zuzug in die Region dort niederlässt, dürfte keine Pendelkosten in die Stadt von der Steuer absetzen.

Kurzfristig wären die Mehreinnahmen für den Finanzminister wohl gering. Aber langfristig könnte eine solche Reform dazu beitragen, viele Standortentscheidungen – und die Finanzlage der Städte – zu verbessern.

Macht der Staat Familien mit Kindern arm?

Eine Frau bekommt in Deutschland im Schnitt 1,4 Kinder. Für eine stabile Bevölkerung wären etwas mehr als zwei nötig. Darin besteht unser Demografieproblem. Familien mit drei Kindern gelten als »kinderreich«, ein Wort, das schon den Beiklang asozial angenommen hat.

Der Fiskus trägt eifrig zur Gleichsetzung von kinderreich und sozial schwach bei, indem er Eltern mit Kindern steuerlich eklatant benachteiligt. Sie werden steuerlich mit Alleinstehenden oder kinderlosen Paaren gleichgesetzt, die einen viel höheren Lebensstandard haben und viel höhere Steuern zahlen könnten. Dadurch reduziert der Staat ihre Konsummöglichkeiten, die den sozialen Status maßgeblich mitbestimmen, und zwar am stärksten für die besser Verdienenden. So trägt der Fiskus auf zwei Weisen dazu bei, dass kinderreich zunehmend mit sozial schwach verbunden wird, indem er vor allem besser Verdienende vom Kinderreichtum abhält, und indem er diejenigen, die doch viele Kinder haben, ärmer macht als fair wäre.

Der Fiskus hat den grundgesetzlich gebotenen Schutz von Ehe und Familie nur für die Ehe umgesetzt, indem er per Ehegattensplitting Ehepaare behandelt, als verdiene jeder die Hälfte des gemeinsamen Einkommens. Weil höhere Einkommen prozentual stärker besteuert werden, ist die Aufteilung zumeist günstig. Das wichtigste Argument für dieses Verfahren ist, dass Ehepaare in der Regel auch einen gemeinsamen Lebensstandard haben. Ihre steuerliche Leistungsfähigkeit ist etwa gleich hoch, egal ob einer 100 000 Euro und der andere nichts verdient, oder ob jeder 50 0000 Euro verdient.

Dieses Argument gilt aber auch für Familien mit Kindern. Und doch gibt es kein Familiensplitting. Für jedes Kind kann ein Paar nur rund 7 000 Euro Freibetrag von der Steuer absetzen (oder Kindergeld beziehen, wenn das günstiger ist). Je höher das Einkommen, desto größer der Nachteil aus dem fehlenden Splitting. Die Folgen lassen sich gut an einem vereinfachten Beispiel sehen: Ein Ehepaar mit vier Kindern, das 100 000 Euro verdient, hat nach Abzug der Kinderfreibeträge von insgesamt 28 000 Euro noch 72 000 Euro zu versteuern. Steuerlast laut Splittingtabelle: 15 200 Euro. Von den 100 000 Euro Einkommen bleiben nach Steuern 84 800 Euro, pro Kopf: 14 133 Euro.

Die gleiche Steuerlast trägt ein kinderloses Ehepaar, das 72 000 Euro verdient und, abzüglich der Steuer, 28 400 Euro pro Person ausgeben kann, also gut doppelt so viel wie die vierköpfige Familie. Oder anders herum: Ein kinderloses Ehepaar mit einem verfügbaren Einkommen von 14 133 Euro pro Kopf wie unsere sechsköpfige Familie, würde nur 3000 Euro Steuern zahlen. Das ist weniger als ein Viertel dessen, was die Familie mit gleichem Pro-Kopf-Einkommen zahlt.

Paare, die bereit sind, für Kinder einen niedrigeren Lebensstandard in Kauf zu nehmen, werden also vom Fiskus im sozialen Status noch ein, zwei Sprossen zusätzlich nach unten geschubst, indem sie noch ärmer gemacht werden.

Versteh einer die Ökonomen

Stimmt es, dass Wirtschaftsforschung politisch neutral sein sollte?

Der neue Chef des Deutschen Instituts für Wirtschaftsforschung (DIW) in Berlin, Marcel Fratzscher, hat bei seiner Berufung in Interviews erklärt, dass die Forschungsergebnisse des Instituts politisch neutral sein sollen: Wissenschaftlich fundiert, nicht politisch sollen die Empfehlungen für die Wirtschaftspolitik sein. Von sich selbst sagt er, er sei weder rechts noch links einzuordnen, sondern ein empirisch orientierter Makroökonom, also einer, der gesamtwirtschaftliche Zusammenhänge vor allem durch Datenstudium untersucht. Damit drückt Fratzscher die Lebenslüge der letzten zwei, drei Generationen von Ökonomen aus.

Fratzschers Vorgänger haben das Politische an dieser Sozialwissenschaft, wie es im ursprünglichen englischen Namen »Political Economy« zum Ausdruck kam, so tief im Fundament der grundlegenden Annahmen vergraben, dass heutige Ökonomen es nicht einmal mehr erkennen. Sie bilden sich tatsächlich ein, sie betrieben werturteilsfreie Wissenschaft.

Da es bei der Ökonomik um Menschen und um Gruppen geht, die versuchen, ihre Ziele zu erreichen – manchmal gemeinsam, aber oft auch in Konkurrenz zueinander – ist schwer zu sehen, wie Ökonomik unpolitisch sein kann. Es kann keine Effizienz oder ökonomische Vernunft bei der Verfolgung von Zielen geben, ohne dass man definiert, wessen Ziele man sich zu eigen macht.

Gerade in der modernen Makroökonomik, die sich mit gesamtwirtschaftlichen Zusammenhängen befasst, werden der einzelne Mensch oder auch Gruppen von Menschen, standardmäßig wegdefiniert. Ihr Erkenntnisgegenstand wird bevölkert von einem »repräsentativen Wirtschaftssubjekt« – letztlich also von Klonen, die exakt gleich sind. Interessengegensätze entfallen dadurch.

Es kann nur noch darum gehen, das Gesamteinkommen zu maximieren – ohne Rücksicht darauf, wer was bekommt. Das kann man machen. Für manche Fragestellungen ist es legitim. Wer sich auf solche Fragen beschränkt, kann sich mit gewissem Recht darauf berufen, dass er unpolitisch arbeite. Der DIW-Chef und sein Institut werden diesen Luxus nicht haben. Für sie wäre es eine starke politische Aussage zu sagen, die Verteilung der Einkommen ist uns gleichgültig.

Im Umgang mit den starken Verschiebungen der Einkommensverteilung, die es in den letzten zwei Jahrzehnten gegeben hat, gibt es zwei Klassen von scheinbar »unpolitischen« Ökonomen. Die einen ignorieren das Thema. Die anderen erklären den stark überproportionalen Einkommensgewinn der oberen zehn Prozent mit objektiven, kaum änderbaren Faktoren wie der Globalisierung oder technischem Fortschritt.

Daneben gibt es die »politischen« Ökonomen. Sie diskutieren auch die Rolle der Wirtschaftspolitik bei dieser Entwicklung. Von den »unpolitischen« Ökonomen werden sie zu Unrecht als unwissenschaftlich betrachtet und nicht weiter beachtet.

Sollen wir nicht verstehen, was Potenzialwachstum ist?

Beim Potenzialwachstum oder auch Wachstumspotenzial geht es darum, mit welcher Rate die Volkswirtschaft wachsen kann, ohne dass sich Engpässe bilden, die zu steigenden Preisen führen. Die Bundesbank erklärt in ihrem Monatsbericht April 2012 ihre neue Schätzmethode zum deutschen Potenzialwachstum: Durch »Zerlegung der Trendrate der Stundenproduktivität in den trendmäßigen TFP-Zuwachs sowie die Beiträge der technologiegetragenen und anpassungsbedingten Kapitalintensivierung (...) ist es möglich, die Trendfortschreibung der residual gemessenen TFP-Komponente und die Annahme über den Konvergenzpfad der Faktoreinsatzrelationen auf wachstumstheoretisch fundierte Weise in den Ansätzen für das Trendwachstum der Stundenproduktivität und die Sachkapitalbildung abzustimmen«. Ist das nur Ungeschicklichkeit, oder haben die Bundesbanker hier etwas zu verbergen?

Wenn man das Konzept in verständlichen Worten aufschreiben würde, wäre allzu deutlich, welcher Hokuspokus da betrieben wird. Das Konzept beruht nämlich auf der neoklassischen Gleichgewichtstheorie, die durch die derzeitige Krise nachhaltig diskreditiert ist.

Diese Gleichgewichtstheorie geht von einer Produktionsfunktion aus, die angibt, wie viel mehr Produktion herauskommt, wenn man mehr Arbeit und/oder Kapital einsetzt. Die konkrete Ausgestaltung der gewählten Funktion beruht nicht auf Beobachtung der Wirklichkeit, sondern auf deren mathematischen Eigenschaften. Diese machen das Rechnen mit ihr besonders leicht und elegant.

Zu den Annahmen, welche die gute mathematische Handhabbarkeit bewirken, gehören konstante Skalenerträge. Das bedeutet: Wenn ich den Kapitaleinsatz und den Arbeitseinsatz um zehn Prozent steigere, steigt die Produktion um zehn Prozent. In der Realität beruht jedoch unser Wohlstand auf den Vorteilen der Arbeitsteilung und der Massenproduktion. Bei konstanten Skalenerträgen wären wir nie so reich geworden.

Eine weitere Annahme ist, dass man Kräne, Häuser und Weinfässer zu einem Kapitalstock zusammenzählen kann. Das geht aber nicht. Denn es gibt keinen objektiven und festen Wert für diese Kapitalgüter. Man könnte auf die Idee kommen, einfach den Marktpreis zu nehmen. Aber das geht nicht. Denn dieser ist situationsabhängig. Je niedriger der Zins, desto wertvoller werden Kapitalgüter. Je länger ein Kapitalgut normalerweise genutzt wird, desto größer ist der Wertzuwachs bei sinkendem Zins. Das lässt sich am besten an einem Beispiel verstehen. Wenn ich ein Weinfass habe, das ich nur (noch) ein Jahr lang nutzen kann, und mir dieses Weinfass zusätzliche Produktion ermöglicht, an der ich im nächsten Jahr netto 100 Euro verdiene, dann ist dieses Fass bei einem Zins von Null so viel wert wie 100 Euro heute. Bei einem Zins von 10 Prozent ist das Fass so viel wert wie 91 Euro heute. Denn ich könnte diese für 10 Prozent anlegen und hätte dann im nächsten Jahr auch 100 Euro. Wenn das Fass noch zwei Jahre hält, ist es beim Zins von Null 200 Euro wert, bei einem Zins von zehn Prozent dagegen nur 166 Euro oder 17 Prozent weniger. Es gibt also keine sinnvolle Möglichkeit, den Wert von sehr unterschiedlichen Kapitalgütern zusammenzuzählen, die mehr als eine Momentaufnahme ist.

Weil es keine richtige Art gibt, den Kapitalstock und damit das Potenzialwachstum zu messen, werden Sachverständigenrat, Bundesbank und andere uns weiterhin alle paar Jahre mit »verbesserten« Messmethoden beglücken. Wir müssen sie nicht verstehen. Ignorieren reicht völlig.

Stimmt es, dass die deutschsprachige Volkswirtschaft nicht der Rede wert ist?

Die ökonomischen Lehrbücher lassen deutschsprachige Ökonomen – lebende wie tote – bestenfalls als Randnotizen auftreten. Für sie beginnt die Geschichte der Ökonomie mit Adam Smith (1723–1790) und wird von dort aus über andere englische Klassiker und die frühen Neoklassiker zur heute dominierenden neoklassischen Lehre fortgeführt. Die Geschichte wird eben immer aus der Perspektive der Sieger geschrieben, und die Klassiker waren nun einmal die Vorläufer der heute dominierenden ökonomischen Theorien.

Doch es stimmt nicht, dass es daneben nichts gab, was der Rede wert gewesen wäre, insbesondere in Deutschland. Nicht von ungefähr war im späten 19. und frühen 20. Jahrhundert die Weltsprache der Ökonomik deutsch. Wer in den USA einen Doktortitel in Ökonomik erwerben wollte, musste deutsch lesen können. Viele führende Ökonomen jener Zeit verbrachten Jahre an deutschen Universitäten, um von Vertretern der Historischen Schule zu lernen.

Politisch waren die Vertreter dieser Schule, die sich im Verein für Socialpolitik zusammenschlossen, sehr einflussreich. Otto von Bismarck setzte mit seinen Sozialreformen vieles um, was sie vorschlugen, mit dem Ziel, das Los breiter Bevölkerungsschichten zu verbessern und so den Sozialisten den Nährboden zu entziehen.

Die Historische Schule blickte auf eine lange und einflussreiche Geschichte der Ökonomik in Deutschland zurück, die lange vor Adam Smith begann. Während die heute dominierende Lehre, inspiriert von Adam Smith und David Ricardo, aus abstrakten Prinzipien ableitet, was gut sein sollte, untersuchte sie die Erfahrungen erfolgreicherer Länder, um herauszufinden, was funktioniert.

Solche Ökonomik als Erfahrungswissenschaft wird heute als nicht theoretisch genug und zu beschreibend belächelt. Sie verzichtete auf die heute üblichen Annahmen, dass es ein repräsentatives Wirtschaftssubjekt gibt (dass also alle Menschen gleich sind), und dass jede Art wirtschaftlicher Aktivität als Träger von Wirtschaftswachstum gleich gut geeignet ist. Dafür legte sie großen Wert auf die Bedeutung von Imitation, Lernen und Kreativität. Sie verstand, dass verschiedene Tätigkeiten, wie kleinteilige Landwirtschaft und industrielle Produktion, sehr unterschiedliche Anforderungen an Innovationskraft, Lernen und Kreativität stellten und gleichzeitig ganz unterschiedliche Chancen boten, diese wichtigen Produktionsfaktoren durch Learning-by-doing zu mehren. Der Einfluss dieser Lehre auf die Wirtschaftspolitik war durchgehend groß.

Veit Ludwig von Seckendorff (1626–1692) war der Adam Smith des Kameralismus, einer Lehre, die seinerzeit in ganz Kontinentaleuropa dominierte. Sein Hauptwerk, »Der teutsche Fürstenstaat« war das Standardlehrbuch für Wirtschaftspolitik in Deutschland und wurde 98 Jahre lang immer wieder neu aufgelegt.

Philipp Wilhelm von Hörnigk (1640–1714) beschrieb die kameralistischen Prinzipien der Wirtschaftspolitik am prägnantesten. Auch sein Buch »Österreich über alles, wann es nur will« von 1684 basierte auf dem intensiven Studium der tatsächlichen Situation des Landes. Es blieb ein volles Jahrhundert in Druck. Johann Heinrich Gottlob von Justi (1717–1771), der einflussreichste deutsche Ökonom des 18. Jahrhunderts, schrieb 67 Bücher, die teilweise in bis zu fünf Sprachen übersetzt wurden.

Das bahnbrechende Konzept der kreativen Zerstörung des berühmten deutsch-österreichisch-amerikanischen Ökonomen Joseph Schumpeter wurzelt tief in dieser vergessenen deutschen Tradition der Ökonomie. Schumpeter ist zwar bekannt und respektiert bei heutigen Ökonomen. Die vorherrschende Lehre hat seine Theorien aber nie integrieren können, weil sie sich mit deren wirklichkeitsfremden und extrem vereinfachenden Annahmen nicht verstehen lassen.

Stimmt es, dass Staatsschulden ab einer gewissen Höhe das Wachstum bremsen?

Carmen Reinhart und Ken Rogoff haben mit ihrem erstmals 2009 erschienenen Buch »Dieses Mal ist alles anders: Acht Jahrhunderte Finanzkrisen« etwas geschafft, was nur wenigen gelingt. Sie haben mit einem wissenschaftlichen Ökonomiebuch einen internationalen Buchbestseller vorgelegt. Darin stellen sie die These auf, dass Staatsverschuldung bis zu einer Schwelle von 90 Prozent des Bruttoinlandsprodukts relativ unschädlich sei, aber wenn sie darüber hinausgehe, das Wirtschaftswachstum beeinträchtige.

Die Australierin Robin Pope, die an der Universität Bonn forscht, und Reinhard Selten, einziger deutscher Träger des Ökonomie-Nobelpreises, werfen derartigen Studien zu Schulden-Schwellenwerten zu Recht schwere Mängel vor. Zu den Fehlern gehört, dass nicht unterschieden wird, ob Staatsdefizite von hohen Staatsausgaben oder niedrigen Einnahmen herrühren. Diese Unterscheidung ist aber wichtig, weil die Wirkung von Ausgabensteigerungen und Steuersenkungen auf die Wirtschaft unterschiedlich ist.

Der Verzicht auf solche Unterscheidungen führe zu wirtschaftspolitischen Fehlern. So merkt Pope an, dass Griechenlands Staatsausgaben eher niedrig sind. Die hohen Defizite rühren daher, dass die Regierung die Steuern von gut verdienenden Selbstständigen nicht eintreibt. Weil die wichtige Unterscheidung nicht getroffen wird, wird Griechenland eine schädliche Sparpolitik aufgedrängt, während das wahre Problem der Steuervermeidung ignoriert wird.

Außerdem kommt es sehr darauf an, was der Staat mit dem Geld macht. Investiert er es in Infrastruktur oder bessere Schulen, mehr Lehrer und mehr Sozialarbeiter, die dafür sorgen, dass benachteiligte Kinder und Jugendliche nicht abgleiten, dann kann das durchaus wachstumsfördernd sein und die Staatseinnahmen generieren, die zur Bedienung der Schulden notwendig sind. Deshalb ist es unmöglich, einen für alle Länder gültigen Schwellenwert für die akzeptable Staatsverschuldung anzugeben.

Hinzu kommt noch ein viel grundsätzlicherer Einwand. Sollen wir aus der Tatsache, dass die Medizin jahrhundertelang nicht in der Lage war, viele Krankheiten zu heilen, schließen, dass es sich nicht lohnt, so viele Ärzte zu bezahlen. Würde man nach der Methodik von Reinhart und Rogoff aus der Auswertung von acht Jahrhunderten Krankheitsgeschichte Politikempfehlungen für heute ableiten, könnte man auf solche verrückten Ideen kommen. Was vor Jahrhunderten unter ganz anderen Wirtschafts- und Währungssystemen galt, muss heute lange nicht mehr gelten.

Widerspricht der Fall Schlecker der Ökonomenlehre?

Die erste Entlassungswelle bei der insolventen Drogeriemarktkette Schlecker gab es im März 2012. Mitte Juni hatte weniger als ein Fünftel der Freigesetzten einen neuen Job. Viele von diesen mussten geringere Arbeitszeiten und Einkommen oder längere Anfahrtswege zum Arbeitsplatz in Kauf nehmen.

Was lehrt uns das? Der Arbeitsmarkt ist ein Markt, auf dem der Wettbewerb nur eine begrenzte Rolle spielt. Die betroffenen Frauen können sich keine ähnlich einträgliche »Anschlussverwendung« sichern, wie Philip Rösler das uncharmant ausdrückte, indem sie die gleiche Arbeit wie die Mitarbeiterinnen von dm für etwas weniger Lohn machen oder indem sie ihre Arbeitskraft den Einzelhändlern in ihrer Nachbarschaft billig anbieten.

Die weitaus meisten Stellen sind besetzt. Wenn eine frei wird, dann nicht unbedingt in erreichbarer Entfernung zum Wohnsitz der eigenen Familie und auf einem passenden Qualifikationsniveau. Andere Drogeriemärkte nutzen auch kaum die Gelegenheit, neue Märkte zu eröffnen. Sie freuen sich vielmehr, dass sie wegen des weggefallenen Konkurrenten ihre eigenen Märkte besser auslasten und eventuell höhere Preise durchsetzen können.

Nun könnte man sagen – und die tonangebenden Ökonomen tun das auch –, solche Probleme resultierten daraus, dass der Arbeitsmarkt zu unflexibel ist, dass Entlassungen zu teuer und

Sozialleistungen zu hoch sind. Deshalb gehört die Flexibilisierung der Arbeitsmärkte auch zu den mit größtem Nachdruck an Länder wie Spanien und Griechenland gerichteten Forderungen.

Allein, es handelt sich hier um einen Glaubenssatz, dem jede empirische Basis fehlt. In vergleichenden Untersuchungen stellt sich heraus, dass der deutsche Arbeitsmarkt ähnlich stark reguliert ist wie der spanische. Die Arbeitslosigkeit ist ein Drittel so hoch wie dort. Selbst in den USA, deren Arbeitsmarkt zu den am wenigsten regulierten der Welt gehört, zeigen Studien, dass Arbeitnehmer, die aufgrund von Werksschließungen ihren Arbeitsplatz verlieren, auch zwei Jahre danach noch zu einem hohen Prozentsatz ohne Arbeit, in unfreiwilliger Teilzeit oder zu deutlich geringeren Löhnen beschäftigt sind.

Wenn es regional oder landesweit an Nachfrage nach bestimmten Arbeitskräften mangelt, hilft Deregulierung nicht. Mehr Wettbewerb im Athener Taxifahrergewerbe wird Griechenlands Misere weder beseitigen noch lindern. Ebenso wenig werden Arbeitsmarktreformen in Spanien in der Mitte einer tiefen und langen Rezession die extrem hohe Arbeitslosigkeit mindern. Jedenfalls dann nicht, wenn die Konkurrenten um Direktinvestitionen eher Billiglohnländer wie Bulgarien sind als Hochlohnländer wie Deutschland.

Irrungen und Verwirrungen ums Gold

Stimmt es, dass 2011 ein sehr schlechtes Jahr für die Bundesbank war?

Die Bundesbank überwies im März 2012 mit 643 Millionen Euro als Gewinn aus dem Jahr 2011 so wenig Geld an den Bundesfinanzminister wie seit neun Jahren nicht mehr. Schon 2010 war die Überweisung mit 2,2 Milliarden Euro mager ausgefallen. Hat die Opposition Recht, wenn sie die Krisenpolitik der Regierung dafür verantwortlich macht, dass der Steuerzahler nun mehr für die Deckung des Haushalts beisteuern muss? Eher nicht.

Denn obwohl der ausgewiesene Gewinn Anderes suggeriert, waren 2010 und 2011 hervorragende Jahre für die Bundesbank. Bereits 2010 war sie in der Lage, ihre stillen Rücklagen – den Ausgleichsposten aus Neubewertung – um 34 Milliarden Euro zu erhöhen. 2011 kamen nochmals 19 Milliarden hinzu. Die Rücklagen liegen nun bei knapp 130 Milliarden Euro. Quelle ist vor allem der Anstieg des Goldpreises, der den Wert des ansehnlichen Goldschatzes der Bundesbank nach oben treibt.

In ihrer Pressekonferenz zur Erläuterung des Jahresabschlusses hat die Bundesbank vor allem die gut vier Milliarden Euro Wagnisrückstellungen betont, die sie gebildet hat, um etwaige Verluste aufgrund der Euro-Krise zu decken. Viel wichtiger zur Erklärung des gering ausgewiesenen Gewinns trotz der starken Aufwertungsgewinne beim Gold, die ebenfalls eng mit der Finanzkrise zu tun haben, ist jedoch die Zuführung zum Ausgleichsposten für Neubewertung, mit dem der Goldpreisanstieg neutralisiert wird.

Anders als den Wagnisrückstellungen steht dem Ausgleichsposten aus Neubewertung kein realistisches Ausfallrisiko gegenüber. Denn er deckt stolze 71 Prozent des Bilanzwerts der Gold- und Devisenreserven. Selbst wenn die Bundesbank sich entschieden hätte, 40 Milliarden Euro davon auszuschütten, könnte der Kurswert von Gold und Devisen immer noch auf die Hälfte sinken, bevor der Ausgleichsposten aufgebraucht wäre und die Bundesbank einen Verlust ausweisen müsste.

Das bei der Bundesbank liegende deutsche Volksvermögen ist also 2010 und 2011 um 53 Milliarden Euro gewachsen. Da der Bund sein Defizit derzeit zu Zinsen unterhalb der Inflationsrate finanzieren kann, ist es kein großer Schaden, dass die Bundesbank alles Gold bei sich behält und auf eine Gewinnausschüttung verzichtet. Vielleicht steigt der Goldpreis ja weiter. Aber schlechte Jahre waren 2010 und 2011 sicherlich nicht.

Was macht das Gold der Bundesbank in New York?

Im Internet blühen jede Menge Verschwörungstheorien, vor allem auf Webseiten goldvernarrter Papiergeldverächter und von Rechtsnationalen. Danach hat die Bundesbank gar keine Verfügungsgewalt mehr über das im Ausland gelagerte Gold, oder es ist schon längst nicht mehr da. »Bei schweren Wirtschafts- und Währungsturbulenzen bringen die circa 3400 Tonnen des deutschen Goldes nur dann Rettung, wenn sie hierzulande zur Verfügung stehen«, heißt es etwa auf dem Goldseiten-Blog. Das Gold sei aber in New York und müsse dort bleiben, weil es von den USA als Pfand für deutsches Wohlverhalten betrachtet werde. Nach Lesart der Rechtsnationalen können die USA jederzeit deutsches Vermögen beschlagnahmen, weil das entsprechende Besatzungsgesetz (SHAEF) Nummer 52 in Ermangelung eines Friedensschlusses weiterhin jederzeit anwendbar sei.

In der letzten Bundesbank-Bilanz sind Gold und Goldforderungen im Wert von 115 Milliarden Euro aufgeführt. Was davon physisches Gold und was Anspruch auf Gold ist, unterscheidet die Bank nicht, die per Gesetz mit der Verwaltung der deutschen Gold- und Devisenreserven betraut ist.

Tatsächlich lagert nach Auskunft der Bundesbank der größte Teil der Goldreserven in New York bei der dortigen Zentralbank Federal Reserve. Dort kann jeder die Goldtresore in Augenschein nehmen. Aber viel mehr, als dass es dort Gold gibt, sieht man nicht. Der zweitgrößte Teil lagere in Frankfurt, gefolgt von London und Paris. Genaueres erfahren wir nicht.

Die Bundesbank nennt die ausländischen Verwahrorte »wichtige Handelsplätze«, die Skeptiker betonen, dass es die Hauptstädte der westlichen Besatzungsmächte sind. Tatsächlich hat die Bundesbank über das New Yorker Gold seit gut drei Jahrzehnten nicht mehr verfügt im Sinne von etwas damit getan – nach ihrer Auskunft, weil sie keinen Grund dazu gehabt habe. Pro Jahr werden nur fünf Tonnen Gold zur Münzprägung verwendet. Dieses Gold werde jeweils dem Londoner Lagerort entnommen. Als die europäischen Notenbanken sich im Rahmen eines Goldabkommens Obergrenzen für Goldverkäufe setzten, gehörte die Bundesbank zu den ganz wenigen, die nichts verkauften und ihre Quote an andere Notenbanken weitergaben.

Anders als Deutschland hat die Siegermacht Frankreich ihr Gold, das sie sich in den 1960er-Jahren hartnäckig von den USA für ihre überzähligen Dollar auszahlen ließ, nicht in New York gelassen, sondern nach Paris geholt. Auch die Bank von Italien lagert ihr Gold nach eigenen Angaben zu Hause.

Fazit: Nach Aussagen der Bundesbank ist nichts dran an den Gerüchten. Mit Details knausert sie allerdings. Prüfberichte externer Wirtschaftsprüfer, die die (vollständige) Existenz des Goldes bestätigen, gibt es nicht. Umfassendere Rechnungslegung und Informationen könnten dazu beitragen, dass unser Gold seinen Hauptzweck besser erfüllt, nämlich das angeknackste Vertrauen in unsere Papierwährung zu stützen.

Ist das Gold der Zentralbanken herrenlos?

Als im März 2011 die *Financial Times* schrieb, italienische Banken wollten sich das Gold »ihrer« Zentralbank zurechnen lassen, um ihr Eigenkapital zu erhöhen, wurde das rasch dementiert. Eine Aufklärung, wem das Zentralbankgold gehört, steht aber noch aus.

Auf Nachfrage gibt die Bank von Italien eine ziemlich komplizierte Antwort: Das Gold gehöre ihr als Institution. Es habe die Funktion, die Stabilität der Banken und der Märkte zu garantieren. Es gehöre nicht den Aktionären der Banca d'Italia, – also den Banken –diese seien, in gewissem Sinne, nur symbolische Eigentümer. Das Gold gehöre aber auch nicht dem Volk, in dem Sinne, dass Politiker darauf zugreifen könnten.

Was das Gold der Bundesbank angeht, haben wir gesehen, dass das meiste davon in New York lagert und Gerüchte um eingeschränkte Verfügungsgewalt blühen. Was den größten Goldschatz der Welt angeht – den der US-Notenbank Federal Reserve – sieht es ganz ähnlich aus. Die New York Fed als eine von zwölf regionalen Untergliederungen gehört den Banken, und das nicht nur symbolisch.

In der Bilanz der Federal Reserve gibt es elf Milliarden Dollar Gold-Zertifikate, also Ansprüche auf Gold des Finanzministeriums. In den Fußnoten kann man nachlesen, dass der Finanzminister autorisiert ist, Gold-Zertifikate an die Federal Reserve Banken zu veräußern, und zwar zum festen Vorzugspreis von 42,2 Dollar je Feinunze. Zu diesem Preis stehen die Zertifikate in der Fed-Bilanz. Rechnet man nach, stellt man fest, dass der ganze US-Goldschatz von 8000 Tonnen zu einem Vierzigstel seines aktuellen Werts an die Fed fast verschenkt wurde. Beim gegenwärtigen Marktpreis ist das ein Wert von 430 Milliarden Dollar.

Wie bei der Bundesbank schießen auch in den USA Gerüchte ins Kraut, dass die Federal Reserve das Gold gar nicht mehr hat. Das könnte zum Beispiel der Fall sein, wenn sie es verliehen hätte, die Leihnehmer es verkauft hätten, und nicht mehr zurückkaufen können, weil es zu teuer geworden ist. Dann hätte die Notenbank Grund, auf Rückgabe zu verzichten, um den Verlust nicht offenbaren zu müssen. Eine unabhängige Inventur des US-Goldes hat nie stattgefunden. Die Federal Reserve wehrt sich mit Händen und Füßen gegen Bestrebungen im Kongress, sie einer Rechnungsprüfung zu unterziehen, die auch die Goldreserven und vorhandene Besitztitel darauf einschließen würde. Warum nur?

Klar ist unter diesen Umständen jedenfalls, dass die Federal Reserve der Bundesbank keine Inventur des Goldes erlauben würde, wenn die Bundesbank darum bäte. Die Fed kann ja schlecht den Deutschen geben, was sie dem eigenen Parlament verweigert.

Teil 2: Die Wirtschaft in der Krise

Wie Banken ihr Geld verdienen und Krisen verursachen

Unterscheidet nur die Lizenz eine Bank von einem Finanzjongleur?

Finanzjongleur Bernard Madoff sammelte Geld von Anlegern ein und zahlte zuverlässig eine hohe Rendite aus. Was dafür an Anlageerlös fehlte, nahm er aus dem Bestand der ihm anvertrauten Mittel. Wegen der zuverlässig hohen Rendite flossen ihm immer mehr Anlagemittel zu, sodass er sein Geschäftsmodell viele Jahre aufrechterhalten konnte.

Er lebte sehr gut davon. Sein Lebensstil war luxuriös und er machte sich sehr beliebt, weil er Freunde, Verwandte und Bekannte an seinem Wohlstand teilhaben ließ. Weil er gut vernetzt war, schauten die Aufsichtsbehörden weg. Als Madoff zugeben musste, dass nur noch ein Teil der Kundengelder da war, wanderte er für bis zu 150 Jahre in den Knast.

Wer eine Banklizenz hat, kann – anders als Madoff – mit Kundengeldern machen, was er will. Dass die Bank gar nicht die flüssigen Mittel hat, um die Einlagekunden auszuzahlen, ist die Norm. Eine Bank muss derzeit im Euro-Raum nur ein Hundertstel der Guthaben ihrer Kunden kurzfristig auszahlen können. Ein wichtiger Unterschied zu Madoff liegt darin, dass die Bank nur zu wenig Liquidität – also flüssige Mittel – hat, um alle Guthaben sofort auszuzahlen. Anders als er sollte sie über Vermögenswerte verfügen, die ihre Auszahlungsverpflichtungen decken. Das ist theoretisch der Unterschied zwischen illiquide und insolvent, also pleite.

Der Unterschied zwischen illiquide und insolvent ist aber im Bankwesen mehr theoretisch als real. Denn das Vertrauen in das

Bankensystem bestimmt nicht nur, ob die Banken flüssig sind, sondern auch, ob sie solvent sind. Wenn nämlich zu viele Kunden ihr Geld abheben oder zu einer anderen Bank überweisen wollen, geht den Banken das Bare aus. Sie werden illiquide. Sie müssen soweit möglich ihre Kreditforderungen, Aktien, Anleihen und Derivate verkaufen, um an Geld zu kommen. Und hier kommt die Verbindung zur Solvenz. Wenn nämlich bei einer Bank die Kunden ihr Geld abziehen, weil sie ihr nicht mehr trauen, dann machen das in aller Regel – und mit gutem Grund – auch die Kunden anderer Banken so. Wenn alle ihre Wertpapiere verkaufen wollen, sinken deren Preise in den Keller. Die Aktiva, also das Vermögen, in der Bilanz der Bank werden weniger wert. Die Passiva, also die Schulden, bleiben gleich hoch. Wenn die Aktiva unter die Passiva fallen, sind die Banken insolvent. Praktisch alle Banken der westlichen Welt wären 2008/2009 pleite gegangen, wenn Regierungen und Zentralbanken ihnen nicht massiv geholfen hätten.

Man kann also das Bankensystem als ein staatlich genehmigtes und reguliertes Schneeballsystem bezeichnen. Anders als bei Madoff stehen Steuerzahler und Zentralbanken bereit, Geld nachzuschießen, wenn die Einleger die Probe aufs Exempel machen und ihr Geld abziehen.

Betreiben die Banken wirklich ein staatlich gestütztes Schneeballsystem?

Die Feststellung, dass es vor allem die staatliche Lizenz ist, die Banken von Finanzjongleuren wie Bernard Madoff unterscheidet, die mit illegalen Schneeballsystemen Geld verdienen, ist nicht leicht zu schlucken. Auch, dass die Banken bei der Kreditgewährung neues Geld schaffen, mutet manchen wie das Fantasiegebilde eines verwirrten Geistes an. Deshalb hier zur Klärung eine stilisierte Darlegung des Bankgeschäfts.

Ich gründe mit einigen kapitalkräftigen Freunden und fünf Millionen Euro Eigenkapital eine Bank. Von den fünf Millionen Euro kauft die Bank spanische Staatsanleihen, die sechs Prozent

Zinsen abwerfen. Mit diesen Staatsanleihen als Sicherheit bekommt sie bei der Europäischen Zentralbank (EZB) einen Kredit von fünf Millionen Euro zum Leitzins von sagen wir einem Prozent. Sie erhält dafür ein entsprechendes Guthaben auf einem EZB-Konto eingeräumt. In diesem Moment sind fünf Millionen Euro entstanden, die es vorher nicht gab, mittels Geldschöpfung durch die Notenbank.

Das Guthaben transferiert die Bank auf ihr Mindestreservekonto bei der EZB. Beim aktuellen Mindestreservesatz von einem Prozent darf die Bank das Hundertfache ihrer Mindestreserve von fünf Millionen Euro als Einlagen verwalten. Also gibt die Bank dem Unternehmen meines Freundes einen Kredit von 500 Millionen Euro zum Zins von beispielsweise drei Prozent. Den Gegenwert schreibt sie dem Kreditnehmer auf einem Einlagenkonto bei ihr gut. In diesem Moment sind 500 Millionen Euro neue Zahlungsmittel entstanden mittels Geldschöpfung durch eine private Geschäftsbank.

In einem Jahr bekommt meine Bank für ihre spanischen Staatsanleihen sechs Prozent Zinsen auf fünf Millionen Euro, also 300 000 Euro, und vom Kreditnehmer drei Prozent auf 500 Millionen Euro, also 15 Millionen Euro. Der EZB muss sie ein Prozent auf fünf Millionen Euro, also 50 000 Euro, bezahlen. Bleibt per Saldo ein Zinsüberschuss von 15,25 Millionen Euro oder stolze 155 Prozent auf das Eigenkapital. Das ist möglich, weil sie Zinsen für Geld bekommt, das sie selbst aus dem Nichts geschaffen hat.

In der Praxis würde die Bank natürlich keine solch spektakulären Gewinne ausweisen. Geschäftsräume und IT-Infrastruktur wären zu finanzieren, Juristen und Angestellte zu bezahlen und meine Vorstandskollegen und ich würden sich ihre Mühen und Erfolge mit einem Gesamtgehalt von sagen wir 6 Millionen Euro vergüten lassen. Wenn etwas schief geht, ist eine Bank, die ein solches Rad dreht, zwar sehr schnell selbst pleite. Aber die Aktion lohnt sich trotzdem, wenn sie mindestens ein Jahr lang gutgeht.

Es gibt allerdings einen großen Schönheitsfehler im Geschäftsmodell meiner stilisierten Bankneugründung. Sie hat mit fünf Millionen Euro Guthaben bei der Europäischen Zentralbank (EZB) einen Kredit von 500 Millionen Euro vergeben und dem

Kreditnehmer ein entsprechendes Guthaben auf einem Girokonto gutgeschrieben. Das Problem – und wenn man dieses versteht, hat man den Kern der gegenwärtigen europäischen Finanzkrise verstanden: Überweisungen zwischen Banken werden über Zentralbankkonten abgewickelt. Wenn der Kreditnehmer, also das Unternehmen meines Freundes, das Geld von seinem Girokonto auf ein Konto bei einer anderen Bank überweist, um zum Beispiel spanische Anleihen zu kaufen, muss meine Bank 500 Millionen Euro EZB-Guthaben an eine andere Bank abgeben. Sie hat aber nur fünf Millionen auf ihrem EZB-Konto.

Für solche Fälle gibt es den Geldmarkt. Meine Bank müsste sich 495 Millionen Euro EZB-Guthaben von einer anderen Bank leihen, die mehr hat als sie braucht. In guten Zeiten bekommt man als gute Bank ohne Sicherheit, Geld am Geldmarkt für einen kleinen Aufschlag auf den Leitzins. Der Geldmarkt ist also das Instrument, mit dem die Banken sicherstellen, dass ihr Geldschöpfungsmodell funktioniert. Er reduziert für die einzelne Bank erheblich das Risiko daraus, dass zu viele Kunden auf einmal das als bloßes Auszahlungsversprechen geschaffene Giroguthaben massenhaft an andere Banken überweisen oder bar abheben. Ein zufälliger Auszahlungsüberschuss bei einer Bank stellt kein Problem mehr dar, so lange die Empfängerbanken der Überweisungen das überschüssige Zentralbankgeld umgehend an die Banken zurückverleihen, bei denen es abfließt.

Aber meiner windigen Bank vertrauen andere Banken natürlich keine 495 Millionen Euro an. Das ist genau das Problem, das seit der Pleite von Lehman Brothers 2008 die Banken plagt. Der Geldmarkt funktioniert nicht mehr. Die Banken wissen, wie schlecht sie selbst dastehen und trauen deshalb auch kaum einer anderen Bank.

Darum hat die EZB die Zentralbankguthaben, die sie den Banken einräumt, ganz massiv ausgeweitet. Eine Bank, die mehr Geld überweisen muss, als sie hat, bekommt per Kredit von der EZB zusätzliche Guthaben, mit denen sie ihre Überweisung tätigen kann. Die Sache hat aber einen Haken. Die Banken müssen Sicherheiten hinterlegen. Meine Bank hat diese nicht, so wie viele Banken in den Krisenländern sie nicht mehr haben.

Also hat die EZB die Anforderungen an die Sicherheiten gesenkt. Nun sind auch Forderungen aus Krediten, wie dem 500-Millionen-Kredit meiner Bank, als Sicherheit zugelassen, wenn auch mit einem Abschlag auf den Nennwert. Ohne den Abschlag wäre so selbst das extreme Geschäftsmodell meiner Bank gerettet. Weil es in Europa viele Banken mit derart extremen Problemen gibt, dauert die Finanzkrise an.

Weil ich mich mit meinem Freund gut verstehe, lässt sich das Geschäftsmodell meiner Bank dank der EZB aber noch retten. Das Unternehmen kauft für die 500 Millionen Euro spanische Staatsanleihen, die sie mir ausleiht, zum Leihzins von einem Prozent. Mit den Staatsanleihen als Sicherheit leiht sich meine Bank (zum Zins von einem Prozent) die 500 Millionen von der EZB, die sie braucht, um das Geld, das ihr Kreditkunde abzieht, überweisen zu können. Danach hat meine Bank keine Einlagen mehr, aber 505 Millionen Euro Schulden bei der EZB, auf die sie ein Prozent Zinsen bezahlt. Auf der anderen Seite haben meine Bank und das Unternehmen meines Freundes gemeinsam Staatsanleihen im Wert von 505 Millionen Euro, die sechs Prozent Zinsen abwerfen.

Wenn der Kreditnehmer ein Unternehmen mit Banklizenz ist, dann ist alles noch viel einfacher. Dann geht der Kredit meiner Bank an die Bank des Unternehmens meines Freundes. Dessen Bank reicht die Staatsanleihen selbst als Sicherheit für einen Kredit von 500 Millionen Euro bei der EZB ein. Sein Guthaben bei der EZB, das er im Gegenwert dieses Kredits bekommt, reicht er direkt als Geldmarktkredit an meine Bank weiter. Nicht umsonst kommen immer mehr Unternehmen auf den Trichter, eine Bank zu gründen.

In der Praxis würde die Bankenaufsicht mein allzu einfach gestricktes Modell zum reich werden unterbinden. Denn nur »seriöse« Banken dürfen durch Geldschöpfung Geld verdienen. Aber das Prinzip ist das gleiche.

Müssen wir unsere Banken tatsächlich immer auf Teufel komm raus retten?

Es ist eine Grundannahme der Verantwortlichen in dieser Finanzkrise, dass die Banken zu retten sind, von der kleinen IKB über die Commerzbank bis hin zu den griechischen Banken. Begründung: sonst kommt es zu einem Zusammenbruch des Finanzsystems, der die Wirtschaft schwer schädigt. Das mag nicht jeder einsehen. Warum nicht einfach die Aktionäre ihr Geld verlieren lassen und die Ansprüche der Gläubiger, einschließlich derer, die ihr Geld bei der Bank deponiert haben, in Aktienkapital umwandeln.

Was die Aktionäre angeht, so hat deren Schonung mit marktwirtschaftlichen Prinzipien tatsächlich wenig gemein. Viele Bankeigentümer mussten zwar teils herbe Verluste hinnehmen, aber es gibt kaum einen Zweifel, dass der Wert der meisten Banken ohne staatliche Unterstützung und Sondermaßnahmen der Zentralbanken bei null läge. Besonders in den USA, wo der politische Einfluss der Banken sehr ausgeprägt ist, kamen die Eigentümer gut davon.

Bei uns mussten nur die Commerzbank-Aktionäre trotz staatlicher Rettung annähernd Totalverlust hinnehmen. Dafür kamen die Aktionäre der politisch bestens vernetzten Allianz umso besser weg. Sie durfte ihre notleidende Dresdner Bank mit indirekter staatlicher Hilfe bei der Commerzbank abladen.

Wo der Vorschlag aber hakt, ist bei der Heranziehung der Einleger. Diese können ihr Geld jederzeit abziehen. Das Problem in unserem Geldsystem ist, dass die Banken ein Vielfaches des Geldes, das sie bar (oder in gleichwertigen Zentralbankguthaben) vorrätig haben, als Kredite ausgeben können. Im Gegenwert dieser Kredite schaffen sie neue Giroguthaben, die Kunden in Bargeld umwandeln dürfen. Normalerweise tun die Kunden das nicht. Aber wenn klar wäre, dass sie im Krisenfall zu Aktionären kriselnder Banken gemacht würden, würden sie ihr Geld beim ersten Krisenzeichen abziehen. Dann bräche sofort das ganze Schuldengebäude zusammen, weil alle wissen, dass keine Bank das Geld hat, das sie braucht, um alle Guthaben auszuzahlen.

Banken müssten die Schalter schließen und einräumen, dass sie ihre Schulden (nichts anderes sind Kundeneinlagen) nicht begleichen können. Sie würden auch ihre Schulden bei anderen Finanzinstituten und Unternehmen nicht mehr begleichen. Der Forderungsausfall triebe auch diese in den Bankrott, was zu weiteren Forderungsausfällen und weiteren Insolvenzen führen würde. Das kann der Staat nicht zulassen. Die Banken wissen das. Wer die Vollkaskomentalität der Banken abstellen will, muss dafür sorgen, dass sie in guten Zeiten kein so großes Schuldengebäude errichten können.

Gibt es tatsächlich keine Alternative zu unserem krisenanfälligen Geldsystem?

Wie wir gesehen haben, müssen wir im Notfall eine hinreichend große Bank immer retten, weil die Menge des umlaufenden Geldes davon abhängt, dass die Banken weiter großzügig Kredit geben. Und das können sie nicht mehr, wenn das Publikum das Vertrauen in die Solidität der Banken verliert und Einlagen abzieht. Wer verhindern will, dass die Banker sich weiter bereichern, indem sie im Vertrauen auf die tiefen Taschen von Staat und Zentralbank hohe Risiken eingehen, muss etwas daran ändern, dass die Banken die Wirtschaft als Geisel halten können.

Eine Möglichkeit dies zu ändern, ist das Vollgeld, wie es Professor Joseph Huber von der Universität Halle vertritt. Ähnliche Konzepte haben in den 1930er-Jahren unter dem Namen 100%-Banking oder 100%-Money führende amerikanische Ökonomen vertreten. Der Widerstand der Finanzbranche ist jedem Vorschlag, der in diese Richtung geht, sicher. Der Kern des Vollgeld-Konzepts besteht darin, dass das Geld, das Kunden bei den Banken anlegen, im Eigentum der Kunden bleiben soll, so wie die Bestandteile unseres Wertpapierdepots unser Eigentum bleiben. Viele Menschen denken irrtümlich, das sei ohnehin so. Aber tatsächlich ist das Geld, das auf unserem Girokonto liegt, nur eine Forderung an die Bank, die – weil jeder daran glaubt, dass sie erfüllt wird – in guten Zeiten so gut wie Geld ist. In schlechten

Zeiten, wenn an die Solidität der Banken nicht mehr unbedingt geglaubt wird, ist der Unterschied groß. Denn, immer wenn die Kunden im großen Maßstab Bares sehen wollen, stellt sich heraus, dass die Banken nicht genug davon haben, um alle Ansprüche auszuzahlen – und zwar keine Bank. Da der größte Teil des Geldes, das in der Wirtschaft zirkuliert, solche Ansprüche an Banken sind, würde ein Zusammenbruch der Banken mit einem Schlag das meiste Geld vernichten.

Die harmlos erscheinende Reformidee, die Zahlungsverkehrskonten der Kunden separat von den Bankbilanzen zu halten, hätte durchgreifende Konsequenzen. Wenn ich heute tausend Euro Bargeld, also von der Europäischen Zentralbank (EZB) herausgegebenes Geld, zur Bank trage, kann meine Bank es nehmen und auf eigene Rechnung bei der EZB einzahlen, um ihr Mindestreservekonto aufzufüllen. Bei einem aktuellen Mindestreservesatz von einem Prozent kann sie einem anderen Kunden daraufhin einen Kredit von 100 000 Euro geben und ihm ein entsprechendes Guthaben auf dessen Girokonto einrichten. So sind aus 1000 Euro 100 000 Euro Zahlungsmittel geworden, die umlaufen.

Wenn meine Bank die 1000 Euro nicht auf eigene Rechnung bei der EZB einzahlen kann, hat sie diese Geldschöpfungsmöglichkeit nicht mehr. Dann läuft nur noch Geld um, das die Zentralbank in Umlauf gebracht hat. Die Zentralbank müsste, damit der Geldkreislauf nicht zusammenbricht, entsprechend mehr Geld in den Kreislauf pumpen. Der Geldschöpfungsgewinn der Banken würde verschwinden, derjenige der Zentralbank würde umso größer. Banken würden reduziert auf die Rolle des Finanzvermittlers, der Einlagen sammelt und in gleicher Höhe Kredite vergibt. Sie müssten nicht mehr gerettet werden, denn die Einlagen der Kunden und der Bestand an Zahlungsmitteln hingen nicht mehr von Überleben und Kreditvergabe der Banken ab. Eine Eigenkapitalrendite von 25 Prozent, wie sie die Deutsche Bank unter Joseph Ackermann anstrebte, weil sie bei großen internationalen Banken die Norm sei, wäre unter solchen Bedingungen natürlich nicht mehr zu erreichen. In einer Wirtschaft, die mit wenigen Prozenten im Jahr wächst, ist es nicht möglich, dass

Unternehmen in der Breite solche Renditen aufweisen. Wenn sie es ernsthaft zur Norm erklären, ist etwas faul.

Kann Geld rosten?

Silvio Gesell (1862–1930) wurde für seinen Vorschlag berühmt, Geld rosten zu lassen. Er ist Held und Vordenker für die Einen, eine Witzfigur für die Anderen. Er war ein Autodidakt, der nie eine Universität besuchte, aber eine eigene wissenschaftliche Denkschule etablierte. Giganten der Ökonomie wie John Maynard Keynes, Irving Fisher und der Nobelpreisträger Maurice Allais bezeichneten den gelernten Kaufmann als ihren geistigen Lehrmeister:

Gesell propagierte ein Zahlungsmittel mit eingebautem Wertverlust. Bargeld, das man längere Zeit nicht benutzt, sollte automatisch an Kaufkraft verlieren. Überall auf der Welt gibt es heute Initiativen, die diesen Gedanken umzusetzen versuchen – sie geben lokale Kunstwährungen heraus, sogenannte Regionalwährungen, die nur Kaufleute in der Region akzeptieren und die lokale Wirtschaft stärken sollen.

Ausgangspunkt von Gesells Theorie ist der Befund, dass Geld zwei Funktionen gleichzeitig erfüllt: Einerseits ist es Tauschmittel, mit dem wirtschaftliche Transaktionen abgewickelt werden; andererseits ist es Wertaufbewahrungsmittel. Beide Funktionen stünden im Konflikt zueinander. Denn während praktisch alle Waren an Wert verlieren, wenn man sie nicht schnell verkauft, behält Geld seinen Wert. »Geld rostet nicht«, so Gesell.

Das ermögliche es den Menschen, dem Wirtschaftskreislauf nach Belieben das wichtige Tauschmittel zu entziehen – indem sie ihre Ersparnisse auf die hohe Kante legen. Gesell war überzeugt: Nur wenn dem Verkauf Zug um Zug ein neuer Kauf folgt, könne Geld seinen Zweck als Tauschmittel voll erfüllen – und nur dann glichen sich Angebot und Nachfrage aus. Wenn die Menschen Geld horten, gebe es zeitweise zu wenig Nachfrage für das Warenangebot. »Unser Geld bedingt den Kapitalismus, den Zins, die Massenarmut, die Revolte und schließlich den Bürgerkrieg, der zur Barbarei zurückführt«, so Gesell.

Die Geldhortung sollte später für Keynes ein zentrales Motiv in seiner Erklärung von Konjunkturschwankungen und Wirtschaftskrisen werden – er sprach von der »Liquiditätsfalle«. Dann drohe eine Abwärtsspirale: Die Verkäufer kommen in die Defensive und müssen ihre Preise senken, um ihre Waren an den Mann zu bringen. Weil weniger verdient wird, sinkt die Kaufkraft weiter.

Gesell wollte das Problem an der Wurzel packen – und dem Geld seine Eigenschaft als Wertaufbewahrungsmittel nehmen. Geldscheine würden quasi ein Verfallsdatum bekommen. Technisch ließe sich das zum Bespiel dadurch realisieren, indem man die Banknoten mit einem Ausgabedatum versieht und festlegt, dass sie alle drei Monate zwei Prozent weniger wert sind. Man müsste dann zum Beispiel Marken kaufen und aufkleben, um den alten Wert wiederherzustellen.

Wenn Geld als Wertaufbewahrungsmittel nicht mehr zur Verfügung stünde, so die Idee, dann müsste, wer Ersparnisse aufbewahren wolle, wirkliche Werte erwerben und sich darum kümmern, dass sie ihren Wert behalten, etwa Häuser oder Produktionsanlagen. (Man sieht die Verwandtschaft mit dem Zinsverbot im islamischen Finanzwesen und im frühen Christentum.) Somit wäre, so die Erwartung Gesells, eher gewährleistet, dass das Geld immer in gleicher Menge in Umlauf bleibt.

Der Zins war Gesell ein Greuel. Er belohne die Menschen dafür, dass sie der Wirtschaft Nachfrage entzögen. Dass Zinsen nötig seien, um das Sparen attraktiv zu machen, glaubte er nicht. »Man spart, um über schlechte Zeiten hinwegzukommen. Die Bienen sparen, die Hamster sparen, aber von Zinsen ist in der Natur nirgendwo eine Spur zu sehen.« Dem Sozialreformer war nicht nur das »Unnatürliche« am Zins zuwider. Er lehnte ihn auch ab, weil er zu einer Konzentration der Vermögen führe.

Der US-Ökonom Irving Fisher, einer der bedeutendsten Volkswirte der 1920er- und 30er-Jahre, übertrug später Gesells Ideen aus der Zeit des durch Gold gedeckten Geldwesens in die reine Papierwährungszeit, in der private Banken das meiste Geld per Kreditvergabe schaffen. Fisher leitete daraus den Vorschlag ab, den privaten Banken die Möglichkeit zur Geldschöpfung zu nehmen. Eine Währungsbehörde solle dafür sorgen, dass stets genug

Zahlungsmittel verfügbar sind. Auch das Vollgeld-Konzept von Joseph Huber steht in dieser Tradition. Hätte sich dieser Vorschlag durchgesetzt, hätte es die Kreditexzesse, die der derzeitigen Finanzkrise vorausgingen, nicht gegeben.

Ist die Manipulation des Libor-Zinses tatsächlich ein Riesenskandal?

Die Chefs großer Banken treten nicht leicht zurück, eigentlich fast gar nicht, selbst wenn sie mit ihren riskanten Geschäften das weltweite Finanzsystem in Unordnung bringen, die Weltwirtschaft in eine Rezession stürzen und für die völlige Zerrüttung der Staatshaushalte vieler Länder sorgen.

Zwei Bankchefs sind jedoch im Juli 2012 zurückgetreten, der Vorstandschef der britischen Großbank Barclays Bob Diamond und sein Chefaufseher Marcus Agius. Was war das Vergehen? Ihre Bank hat zugegeben, zusammen mit anderen Banken den Referenzzins Libor manipuliert zu haben. Das ging leicht, denn er wird schon immer in einem ziemlich intransparenten Verfahren ermittelt. Ein Gruppe großer Banken meldete jeden Tag, welchen Zins sie an diesem Tag für die Aufnahme eines kurzfristigen Kredits, zum Beispiel für drei Monate, von einer anderen Bank bezahlen muss oder müsste. Keiner prüfte die Angaben nach. Solche privilegierten Bankerclubs sind in der Finanzwelt gang und gäbe, etwa in den USA bei den Primary Dealers, die das Privileg haben, der Notenbank ihre Wertpapiere verkaufen zu dürfen oder sonstige Geschäfte mit ihr zu machen, wenn diese Geld in Umlauf bringen oder abziehen will.

Weil die Libor-Sätze zu normalen Zeiten sehr nahe an den Sätzen sind, zu denen sich die Banken bei der Zentralbank Geld holen können, das sie brauchen um selbst Kredit vergeben zu können, haben sich der in London für verschiedene Währungen ermittelte Libor und sein kontinentaleuropäsiches Pendant, der Euribor als Referenzsatz für die Anpassung der Zinsen von variabel verzinsten Krediten an Unternehmen etabliert. Der Zins wird als fester Aufschlag auf den Referenzsatz ausgedrückt.

Im Zuge der Finanzkrise schossen Libor- und Euriborsätze nach oben, weil sich die Banken gegenseitig mangels Vertrauen kein Geld mehr leihen wollten. Die Notenbanken reagierten darauf, indem sie den Banken so großzügig zum sehr niedrigen Leitzins Geld zur Verfügung stellten, dass diese nicht mehr auf den Geldmarkt unter Banken angewiesen waren. Libor und Euribor spiegelten also nicht mehr die Refinanzierungskosten der Banken wieder, da der Geldmarkt ohnehin ausgetrocknet war und die Banken direkt zur Notenbank gingen. Die Unternehmen, die variabel verzinste Kredite bei den Banken ausstehen hatten, mussten dennoch ihren Zinsaufschlag auf den massiv nach oben verzerrten Referenzzins bezahlen. Ein schlechtes Geschäft für die Unternehmen, ein sehr gutes für die Banken.

Barclays wird nun nicht etwa vorgeworfen, den Libor nach oben verzerrt angegeben zu haben. Vielmehr habe die Bank, um den Eindruck zu machen, dass man ihr traut, einen zu niedrigen Geldmarktsatz gemeldet. Banken, die viele variabel verzinste Kredite oder auf den Libor aufbauende Zinsprodukte ausstehen hatten, verdienten wegen der zu niedrigen Angaben von Barclays und anderen weniger an der Verzerrung. Anders als bei den vielen Skandalen um Insiderhandel und Verkauf ungeeigneter Finanzprodukte, die ohne personelle Konsequenzen bleiben, hat diese Schummelei also vielen Bankkunden genutzt und hauptsächlich anderen Finanzinstituten und sonstigen Spekulanten, die an den Libor geknüpfte Finanzprodukte gekauft hatten, geschadet. Letzteres erklärt vielleicht den unverhältnismäßig großen Aufruhr.

Es war damals ein offenes Geheimnis, dass die Banken, die Sätze teilweise recht frei erfanden, die sie angeblich für Kurzfristkredite von anderen Banken bezahlten und an den britischen Bankenverband meldeten. Das konnte jeder Fachmann allein schon daraus ableiten, dass während der Krise zeitweise fast gar kein Geldmarkt unter Banken mehr stattfand. Alle Regulierer wussten es. US-Notenbankpräsident Ben Beranke hat sich vor dem US-Kongress damit verteidigt, dass seine Notenbank, genauer die Federal Reserve of New York, schon 2008 die Bank von England darauf hingewiesen habe, dass mit dem Libor etwas nicht stimme. Inzwischen hat die für das Weltfinanzzentrum

New York zuständige regionale Notenbank Dokumente offengelegt, die das belegen. Dazu gehören auch Gespräche mit Mitarbeitern der britischen Barclays Bank, die im Zentrum der Anschuldigungen steht und deren Mitarbeiter recht freimütig zugaben, dass der Satz von ihnen und anderen Banken manipuliert wurde. Damals wussten also mindestens Ben Bernanke, New York Fed Präsident Tim Geithner und der Chef der Bank von England, Mervyn King von den Manipulationen. Geithner wurde wenig später Finanzminister. Der amerikanische Finanzminister wusste es also auch. Passiert ist vier Jahre lang nichts.

Bernanke redete sich damit heraus, er habe nicht mehr tun können, als seinen britischen Amtskollegen darauf hinzuweisen. Es grenzt ans Lächerliche, dass der mächtigste Notenbankchef der Welt im Konzert mit dem mächtigsten Finanzminister der Welt machtlos gewesen sein soll gegenüber einer Bank von England, die nicht eingreifen wollte. Ein Satz öffentlicher Kritik, ja wahrscheinlich nur die Androhung eines öffentlichen Satzes hätte genügt. Das Ganze wirft ein Schlaglicht auf die »Bruderschaft gegenseitiger Bewunderung«, als die der Ex-Chef der Europäischen Zentralbank, Jean-Claude Trichet, die Notenbankergemeinde gerne bezeichnete. Trichet sprach auch stolz vom »Korpsgeist« der Zentralbanker. Allmählich ist es Zeit, sich mit der Rolle der Zentralbanken und den übrigen Regulierern des Finanzmarkts ernsthaft auseinanderzusetzen. Von diesen ist noch fast keiner für sein Versagen zur Rechenschaft gezogen worden. Im Gegenteil. Die Zentralbanken, die bei der Abwendung der Finanzkrise völlig versagt haben, werden zunehmend die wahren Herrscher über das Schicksal ihrer Volkswirtschaften. Die Finanzbranche wird nicht zu reformieren sein, solange die Zentralbanken gegen Kritik und Sanktionen für Fehlverhalten immun bleiben.

Droht uns wegen der Geldschwemme eine Hyperinflation?

Derzeit werden in den Medien gern Bilder aus alten Zeiten bemüht. Von der deutschen Hyperinflation Anfang der 1920er-Jahre, als die Preise stündlich angepasst wurden und schließlich

Brotlaibe mit Billionenbeträgen bezahlt wurden. So wie damals die Reichsbank zu viel Geld druckte – im verzweifelten Versuch unbezahlbare Reparationsforderungen zu bezahlen – so bringe heute die Europäische Zentralbank (EZB) zu viel Geld in Umlauf. Das Ergebnis werde das gleiche sein, wird unterstellt.

Doch zum Glück hat die Hyperinflation von damals wenig mit der Situation heute zu tun. Die EZB schafft mehr Geld, um auszugleichen, dass die Banken weniger Geld schaffen. Das Zentralbankgeld ist nämlich nur ein kleiner Teil der insgesamt umlaufenden Geldmenge. Den großen Rest schaffen die Banken auf eigene Rechnung, indem sie Kredite gewähren und den Kreditkunden dafür ein neues Giroguthaben einrichten, mit dem diese ihre Rechnungen bezahlen können. So kommt mit jedem Bankkredit neues Geld in Umlauf.

Die Geldmenge M3, die vor allem durch solches Bankengeld getrieben ist, steigt derzeit trotz der »Geldschwemme« der EZB mit einer mageren Rate von rund zwei Prozent. M3 besteht vor allem aus Bargeld, Spareinlagen, Girokonten und anderen kurzfristigen Geldanlagen. Es ist also nicht zu viel Geld in Umlauf. Man könnte höchstens darüber streiten, ob es auch dorthin fließt, wo die Wirtschaft es braucht.

Die Sorgen der meisten Experten beziehen sich denn auch vor allem auf die Zeit nach der Krise. Die EZB hat um die Jahreswende 2011/2012 den Banken über eine Billion Euro für drei Jahre zum Zins von nur einem Prozent geliehen. Wenn die Banken sich wieder gegenseitig trauen, Kredite zu geben, müsse dieses Geld wieder eingesammelt werden, heißt es. Das gehe aber schwer, weil die Banken nur noch geringe kurzfristige Kredite bei der EZB haben, die man einfach auslaufen lassen kann. Den Banken das Geld zu entlocken, das sie schon haben, könnte teuer sein. Die EZB müsste ihnen höhere Zinsen bieten als sie selbst bekommt, was bei den in Rede stehenden Beträgen einen ziemlichen Verlust verursachen würde.

Doch es gibt sinnvollere Möglichkeiten. Die Finanzkrise hat gezeigt, dass die Banken viel zu geringe Barreserven halten. Die EZB kann verhindern, dass die Banken ihre ungewöhnlich hohen Reserven bei der EZB nutzen, um ihre eigene Kreditvergabe kräftig auszuweiten. Dazu braucht sie nur den Mindestreservesatz, den sie im Dezember 2011 auf nur noch ein Prozent gesenkt hat, im Gleichklang mit der Erholung der Kreditvergabe nach oben zu ziehen. Das begrenzt nicht nur die Kreditvergabe und damit die Geldmengenausdehnung. Es macht auch das Finanzsystem und unsere Einlagen bei den Banken sicherer.

Vernachlässigen die Banken ihr Kerngeschäft, um durch Zocken das schnelle Geld zu verdienen?

In den Modellen, mit denen Ökonomen das Auf und Ab der Konjunktur und das langfristige Wirtschaftswachstum erklären, kommt der Finanzsektor meist gar nicht vor. Die Ökonomen gehen davon aus, dass die Banken nur im Hintergrund das Räderwerk schmieren, indem sie das Geld der Sparer in die beste Investition lenken.

Durch die Finanzkrise hat diese Sichtweise einen Knacks bekommen. Sogar die EZB hat in einem ihrer Monatsberichte den Banken vorgeworfen, zu viel zu spekulieren und darüber ihr Kerngeschäft, die Kreditvergabe, zu vernachlässigen. Da immer mehr Aktivitäten zwischen den Instituten selbst stattfinden, »löst sich das Finanzsystem tendenziell von seiner ursprünglichen Rolle, eine stabile Finanzierung und Risikodiversifikation zur Stützung der Realwirtschaft zu gewährleisten«, schrieb sie. Mit anderen Worten: Die Banken haben statt der Investitionen der Betriebe in neue Produktionskapazitäten lieber die Spekulation mit bestehenden Vermögenswerten finanziert oder gleich selbst damit spekuliert.

»Solange die Musik spielt, muss man aufstehen und tanzen. Wir tanzen noch«, hatte Charles Prince, damals Chef der Citigroup, im Juli 2007 die Haltung der Banken auf den Punkt gebracht. Erst wenn die Musik aufhöre zu spielen, weil die Liquidität austrocknet, werde es schwierig werden, hatte Prince hinzugefügt – und damit deutlich gemacht, dass zumindest die klügeren Banker wussten, dass sie mit ihrer fehlgelenkten Kreditvergabe eine Blase aufpumpten, die irgendwann platzen musste.

Für Banken ist an einer Finanzblase viel mehr und schneller Geld zu verdienen als im Brot-und-Butter-Geschäft der Investitionsfinanzierung. Man kann sich daher keinesfalls darauf verlassen, dass sie ihre Kredite nur dahin lenken, wo sie volkswirtschaftlichen Nutzen stiften. Die Standard-Ökonomie sah das nicht, weil Preisblasen in ihr nicht vorkommen.

Solange die Musik spielte, sind die Gewinne der Banken und die davon abhängigen Boni der Banker kräftig gestiegen. Das führte unter anderem dazu, dass alle klugen Köpfe an den besten Universitäten nur noch das Ziel kannten, einen hoch bezahlten Job als Investmentbanker zu angeln, anstatt sich auf eine Karriere in der produzierenden Wirtschaft vorzubereiten.

Als die Musik aufhörte zu spielen, brachen die Kurse der spekulativ nach oben getriebenen Wertpapiere und Immobilien ein und die Bilanzen der Banken waren verwüstet. Der Staat musste mit Milliardenhilfen einspringen, was entscheidend zum Ausbruch der Euro-Staatsschuldenkrise beitrug.

In Deutschland gab es keine Immobilienblase, weil es hier besonders strenge Regeln für Immobilienkredite gibt. Dafür verzockten sich einige deutsche Banken auf dem US-Immobilienmarkt. Zu frühen Bundesbank-Zeiten, insbesondere bis in die 1970er-Jahre, sorgte eine strenge Aufsicht über Finanzprodukte und Institutionen wie der Diskont von Handelswechseln bei der Bundesbank dafür, dass die Banken vor allem die produzierende und investierende Wirtschaft finanzierten. Das sollten wir wieder anstreben.

Ist die Staatsschuldenkrise eine Folge der Bankenkrise?

Dass die Staatschuldenkrise in Europa vor allem Resultat einer Bankenkrise ist und nicht in erster Linie das Ergebnis unverantwortlicher Schuldenmacherei von Regierungen, ist ein Gedanke, der für viele fast absurd klingt. Sie verweisen zum Beispiel auf die Website des Bundes der Steuerzahler. In der Tat sieht man auf der dort dargestellten Grafik zur Staatsverschuldung, wie die Zunahme der Staatsschulden seit 1950 beständig steiler geworden ist. Nach der Wiedervereinigung verstärkt sich dies vorübergehend, aber einen Effekt der Bankenkrise kann der Augenschein nicht entdecken.

Die Grafik ist ein sehr schönes Beispiel dafür, wie man mit geeigneten Schaubildern desinformieren kann. Der Anstieg von 1950 bis 1955 um umgerechnet 11 Milliarden Euro auf 21 Milliarden Euro, immerhin 110 Prozent, ist fast nicht erkennbar. Die Zunahme von 2000 bis 2005 um 18 Prozent, in Prozent ausgedrückt also ein Sechstel der Zunahme in der ersten Hälfte der 1950er-Jahre, wirkt optisch wie ein sehr steiler Anstieg. Das liegt daran, dass die absolute Zunahme mit 279 Milliarden Euro 25-Mal so groß ist wie damals. Es ist aber angesichts des Wirtschaftswachstums und der Geldentwertung von 50 Jahren unsinnig und unseriös, so zu tun, als könnte man diese Werte direkt vergleichen.

Blickt man auf das Staatsdefizit im Verhältnis zur Wirtschaftsleistung, so zeigt sich ein deutliches Bild. In den fünf größeren Kernländern der Währungsunion, ebenso wie in den fünf Randländern Italien, Spanien, Portugal, Irland und Griechenland, lag dieses von 2001 bis 2005 überwiegend zwischen zwei und drei Prozent. An der Peripherie nur ein wenig höher als im Kern. Länder wie Spanien und Irland wiesen sogar jahrelang Haushaltsüberschüsse auf. 2006 und 2007 lag das Defizit im Kern unter einem Prozent, in der Peripherie unter zwei Prozent.

Dann schoss es im Zuge der von den Banken verschuldeten Finanzkrise nach oben, in den Kernländern ab 2009 auf über fünf Prozent, in der besonders betroffenen Peripherie auf über zehn Prozent. In Deutschland sprang die Verschuldung aufgrund der Kosten der Bankenrettung 2009 und 2010 um 16,5 Prozentpunkte auf 83,2 Prozent des Bruttoinlandsprodukts nach oben. Das »hochverschuldete« Spanien, wie es in den Medien reflexartig genannt wird, hatte 2007 noch einen Verschuldungsgrad von weniger als 40 Prozent des Bruttoinlandsprodukts. Bis 2012 lag er noch unter dem deutschen Wert. In Irland schoss die Verschuldungsquote in nur drei Jahren wegen der Bankenkrise um rund 40 Prozentpunkte des Bruttoinlandsprodukts nach oben. Die Aussage, dass die Finanzkrise ursächlich für die europäische Staatsschuldenkrise ist, scheint kein bisschen gewagt.

Wollen Berlin und Brüssel größere Sicherheit der Banken verhindern?

Um die Position von EU-Binnenmarktkommissar Michel Barnier anders zu interpretieren, als dass er sicherere Banken verhindern will, braucht es einigen guten Willen. Der Franzose störte sich im März 2012 daran, dass der EU-Finanzministerrat es den einzelnen Ländern erlauben wollte, von heimischen Banken eine höhere Eigenkapitalausstattung zu fordern als das für alle europäischen Banken vorgeschriebene Minimum. Barnier sah durch solche Uneinheitlichkeit »eine rote Linie überschritten«, der Wettbewerb würde verzerrt. Damit überhöhte Barnier den Wettbewerbsgedanken bis fast ins Absurde und ignorierte geflissentlich die Ursachen der derzeitigen Malaise.

In den letzten Jahrzehnten hat der Wettbewerb der Nationen um die »Attraktivität ihrer Finanzplätze« dazu geführt, dass die Vorschriften und Einschränkungen für das Bankgeschäft immer lockerer wurden. Wer seinen Banken durch lockerere Regeln und nachlässigere Aufsicht einen Vorteil gab, wurde als Standort attraktiver und ermöglichte seinen Banken, im Auslandsgeschäft den stärker eingeschränkten Konkurrenten Geschäft abzunehmen. So wurde London mit seiner schönfärberisch »Light Touch« genannten Deregulierung zu Europas führendem Finanzzentrum. Weil jedes Land für seine Bankenklientel Sonderwünsche hatte, die dann für alle gelten mussten, waren die Eigenkapitalregeln unter dem Stichwort Basel II zu lange verhandelt worden und viel zu zahm ausgefallen, um die Finanzkrise zu verhindern.

Nun will Großbritannien – durch Schaden klug geworden – seine Banken durch besonders hohe Kapitalanforderungen besonders sicher machen. Wenn das für britische Banken ein Wettbewerbsnachteil ist, sollte sich außerhalb der britischen Finanzbranche niemand daran stören. Man könnte es getrost der britischen Regierung überlassen, ob sie damit leben will.

Wenn es allerdings einen Imagegewinn für britische Bankhäuser bringt, etwa wie das deutsche Reinheitsgebot beim Bier, dann kann es ausländische Häuser mit derzeit nicht makellosem

Ruf durchaus stören. Nicht umsonst heißt das, was Barnier verhindern will, im Branchenjargon »Goldplating«. Gemeint ist die Vergoldung der Bilanzen durch hohes Eigenkapital, das die Bank attraktiver für Kunden macht. Dann gäbe es, Gott bewahre, womöglich eine Konkurrenz der Staaten darum, wessen Bankensystem das sicherste ist. Das wäre schlecht für alle Banken, denn einerseits stehen Sicherheit und Rentabilität in Konflikt, andererseits sind die Profiteure nicht Banken, sondern Steuerzahler, die nicht so schnell das nächste Rettungspaket schnüren müssten. Wenn Barnier sich daran stören sollte, würde er als Lobbyist der Bankbranche handeln, nicht als Verteidiger des freien Wettbewerbs.

Barnier blieb mit seiner Opposition gegen das Goldplating nicht allein. Im Mai 2012 kam es zum Showdown mit den Briten, und die Bundesregierung ebenso wie die Regierung in Paris stellte sich hinter Barnier. Dabei versuchten sie tatsächlich uns weiß zu machen, sie sorgten sich vor allem darum, dass, wenn die Briten ihren Banken mehr Eigenkapital abverlangen, diese in Deutschland und andernorts ihre Kreditvergabe einschränken könnten. Eine solche Kreditverknappung könnte der deutschen Wirtschaft schaden.

Das Argument trägt im Prinzip, ist aber in der Praxis irrelevant. Bei Basel I, Basel II und Basel III ging es immer darum, Mindeststandards festzulegen, damit nicht Banken aus einem Land mit besonders niedrigen Standards extrem günstige Konditionen anbieten können, um den Markt in einem anderen Land aufzurollen. So etwas schadet nämlich direkt den Bankengewinnen im Zielland. Es gefährdet dort auch die Finanzstabilität. Denn Banken mit wenig Eigenkapital, die ihre Kreditvergabe stark ausdehnen, geraten relativ leicht in eine Vertrauenskrise und ziehen das Zielland dann mit nach unten.

Wenn dagegen ein Land besonders viel Eigenkapital vorschreibt, dann sollte einerseits eine Bankenkrise dort sehr unwahrscheinlich sein und andererseits wären dessen Banken im internationalen Wettbewerb im Kostennachteil. Sie würden es deshalb kaum schaffen, in einem anderen Land große Marktanteile zu gewinnen, mit denen sie dort die Wirtschaft gefährden könnten, sollten sie unerwarteter Weise doch in eine Krise geraten.

Wenn nationale Bankensysteme mit mehr Eigenkapital Erfolg hätten, dann wäre das aus einem weiteren, noch wichtigeren Grund äußerst unangenehm für die Bankbranche. Sie könnte nicht mehr sagen, die Eigenkapitalquoten nach Basel III seien das absolute Maximum dessen, was man ihr abfordern kann.

Darf JP-Morgan-Chef Jamie Dimon sich selbst beaufsichtigen?

Scheibchenweise ließ die US-Großbank JP Morgan ab Mai 2012 heraus, dass eine riesig Wette mit Kreditausfallderivaten einen Verlust von rund fünf Milliarden Euro verursacht hatte. Das war äußerst peinlich für Jamie Dimon, Vorstandsvorsitzender der Bank und lautstarker Kritiker jeglicher Regulierungsbemühungen. Kreditausfallderivate sind die Dinger, wegen derer der Versicherungsriese AIG erst 2008 mit 150 Milliarden Dollar vom Staat gerettet werden musste.

Wer fragt, warum keine Aufsicht solches Treiben unterbunden hat, der landet bei der Federal Reserve Bank of New York, dem Teil des US-Notenbanksystems Federal Reserve, das für die Beaufsichtigung der Banken in der Region New York zuständig ist. Zwar teilt sich die New York Fed die Aufsichtsverantwortung mit der harmlosen Securities and Exchange Commission (SEC), aber die Daten zu den Derivatewetten gingen zunächst einmal an die New York Fed. Diese gehört den Mitgliedsinstituten, also den New Yorker Banken. Sechs der neun Mitglieder des Aufsichtsrats werden von den Banken gewählt, die anderen drei von der Federal-Reserve-Zentrale in Washington. Langjähriges Mitglied und starker Mann im Aufsichtsrat ist: Jamie Dimon.

Wenn der Präsident der New York Fed, William Dudley, JP Morgan auf die Finger klopfen möchte, dann träfen seine Schläge nicht nur den mächtigsten Banker der Welt, sondern auch ein einflussreiches Mitglied seines Aufsichtsrats. Wer würde da nicht lieber prüfen und noch etwas länger prüfen. Auch intern ist Dimon als Chairman of the Board von JP Morgan sein eigener Chef-Aufseher.

Im Aufsichtsrat der New York Fed saß auch Richard Fuld, bis seine Bank Lehman Brothers aufgrund der extremen Risiken, die er eingegangen war, 2008 unterging. Im Dreiklassenwahlrecht für den neunköpfigen Fed-Aufsichtsrat war Fuld ein Mitglied der Klasse B, gewählt von den Banken, um die Interessen der Allgemeinheit zu vertreten. Das ist kein Witz! Jamie Diamon ist Aufseher der Klasse A, er soll Bankinteressen vertreten.

Der Präsident der New York Fed, William Dudley, der von Goldman Sachs kam, wurde unter Aufsichtsratschef Stephen Friedman berufen, einem früheren CEO von Goldman Sachs. Dieser musste 2009 zurücktreten, weil seine Insidergeschäfte mit Goldman-Sachs-Papieren ruchbar wurden, die er tätigte, während die Fed ein Rettungsprogramm ausführte, von dem Goldman profitierte. Friedman war C-Mitglied des Aufsichtsrats, von der Fed-Zentrale in Washington bestimmt, und zwar um die Interessen der Öffentlichkeit zu vertreten. Das ist leider wieder kein Witz. Seit seinem Rücktritt ist Lee Bollinger, Präsident der Columbia University, Aufsichtsratsvorsitzender der New York Fed. Er ist der Erste seit vielen Jahren, der nicht Banker oder Immobilienmagnat ist. Die Affäre JP Morgan deutet an, dass das wohl eher ein kosmetischer Wandel war.

Stimmt es, dass Goldman Sachs die Finanzwelt reguliert?

Ein bisschen stimmt das auf jeden Fall. Sehr, sehr viele Wege scheinen von und zu der großen multinationalen Bank mit Sitz in New York zu führen. Mario Draghi etwa, der Präsident der Europäischen Zentralbank (EZB), die demnächst die Aufsicht über alle großen europäischen Banken übernehmen soll, hat einen illustren Lebenslauf mit vielen prominenten Stationen. Bevor er Präsident der Bank von Italien und danach der EZB wurde, war eine davon von 2002 bis 2005 Goldman Sachs.

Er sagt, er habe nichts mit den halbseidenen Finanzkonstruktionen der Bank zu tun gehabt, mit denen sie der griechischen

Regierung ermöglichte, ihr wahres Staatsdefizit zu verschleiern, das für einen Beitritt zum Euro zu hoch war. Denkbar ist das. Denn der Deal wurde tatsächlich eingefädelt, bevor er zur Bank kam und in London das Europäische Risikomanagement verantwortete.

Bis zum Antritt seines Top-Jobs bei der EZB war Draghi Vorsitzender des Finanzstabilitätsrats (FSB). Das ist ein internationaler Ausschuss, der den G-20-Ländern Vorschläge zur Regulierung der Finanzmärkte macht, die die nationalen und internationalen Gremien dann tendenziell umsetzen. Draghis Nachfolger als Chef des Finanzstabilitätsrats ist der Kanadier Mark Carney, Chef der kanadischen Notenbank und ehemaliger Goldman-Sachs-Manager.

Einer von Carneys wichtigsten Ansprechpartnern in Regulierungsfragen ist Bill Dudley, Präsident der für die Regulierung des wichtigsten Finanzplatzes der Welt zuständigen Federal Reserve Bank of New York. Dieser war, bevor er für diese Position ausgewählt wurde – sie erraten es –, Manager bei Goldman Sachs.

Dem Finanzministerium in Washington, das in solchen Fragen auch nicht ganz unwichtig ist, steht seit dem Abgang von Hank Paulson derzeit ausnahmsweise kein ehemaliger Goldman-Sachs-Manager vor. Aber gar zu weit weg ist sein Nachfolger Tim Geithner auch nicht von der Bank. Der Ex-Goldman-Sachs-Chef und damalige Finanzminister Robert Rubin hatte ihn 1999 zu seinem Staatssekretär berufen.

Otmar Issing, ehemals Chefvolkswirt der EZB und prominentestes Mitglied der 2008 von Bundeskanzlerin Angela Merkel und Finanzminister Peer Steinbrück ins Leben gerufenen Expertengruppe zur Reform der internationalen Finanzmärkte, fand nach seinem Ausscheiden bei der EZB sehr schnell seinen Weg zu Goldman Sachs. Dabei hat er nicht einmal die übliche »Abkühlungsperiode« eingehalten.

Natürlich hat Otmar Issing immer scharf zwischen solchen Berateraufgaben für die Regierung und seinen Berateraufgaben für Goldman Sachs getrennt. Und natürlich lassen Draghi, Geithner und Dudley ihre Verbindung zu der Bank in jeder Hinsicht weit hinter sich, wenn sie sich mit Bankenregulierung beschäftigen. Aber Zweifel kommen einem doch, ob man von einer solchen Mannschaft durchgreifende und für die Branche unattraktive Vorschläge erwarten kann, die das Finanzwesen für die übrige Wirtschaft und die Bürger sicherer machen. Dafür können wir aber zuversichtlich sein, dass sie alles tun werden, »um das Vertrauen in die Stärke der Finanzinstitute zu fördern«, wie FSB-Chef Carney sein Ziel beim G-20-Gipfel in Mexiko ausdrückte.

Die Natur der Euro-Krise

Stimmt es, dass die Anleihemärkte heilsamen Druck ausüben?

Wenn Regierungen Anleihen ausgeben, sind sie auf das Vertrauen der Anleger angewiesen. Solide Haushaltsführung wird mit niedrigen Zinsen belohnt, unsolide mit hohen Zinsen bestraft, lautet die Botschaft derer, die auf die disziplinierende Wirkung der Märkte vertrauen. Der Richtung nach funktioniert das auch so, aber in der Praxis eben nur sehr unvollkommen. Regierungen, die sich vor allem bei ihren eigenen Bürgern verschulden, werden nicht diszipliniert, wie man an Japan sehen kann, das bei Staatsschulden von 200 Prozent des Bruttoinlandsprodukts mit Anleiherenditen nahe null davonkommt.

Auch die Regierung des Leitwährungslands USA wird durch die Anleihemärkte nicht diszipliniert. Denn die ins Ausland fließenden Dollar werden als Devisenreserven umgehend wieder in US-Staatsanleihen angelegt. Was an Nachfrage fehlt, ersetzt die US-Notenbank, indem sie Staatspapiere aufkauft. Auch in Großbritannien hat die Notenbank die Rendite für Staatsanleihen durch massenhafte Ankäufe weit unter die Inflationsrate gedrückt. Wer Pfund hat, will diese meist in Pfund investieren, nicht in Fremdwährung, und da gilt der Staat vielen noch als die sicherste Option in einer unsicheren Zeit.

Die Länder des Euro-Raums haben dagegen keine eigene Zentralbank, die nach nationalem Bedarf zusätzliches Geld drucken und Anleihen kaufen könnte. Gleichzeitig kann jeder Grieche oder Portugiese, der in heimischer Währung investieren will, seine Euro ebenso gut in Deutschland oder Finnland anlegen. Deshalb müssen diese Länder, sobald sie in finanzielle Schwierigkeiten kommen oder auch nur in diesen Verdacht geraten, plötzlich viel höhere Renditen bieten, um Käufer für ihre Anleihen zu finden. Das verschärft die Finanzprobleme, wodurch wiederum die Zweifel der Investoren genährt werden – ein Teufelskreis.

Der Druck der Märkte kann dadurch schnell massiv werden. Heilsam ist er in diesem Stadium nicht mehr, weil ruckartige Sparanstrengungen leicht die Konjunktur abwürgen und die Situation noch verschlechtern. Heilsam wäre er gewesen, als sich die Probleme aufbauten. Doch da gaben die Anleger Griechenland und Italien zu ähnlich niedrigen Zinsen wie Deutschland jede beliebige Menge Kredit.

Liegt der Sprengsatz für die Währungsunion im Außenhandel?

Europas Südländer haben zu viele Schulden im Ausland. Das ist der Kern ihres Problems. In Griechenland war es der Staat, der sich verschuldet hat, in Spanien die Privatwirtschaft, in Portugal beide zu gleichen Teilen. Entstanden ist die hohe Auslandsverschuldung, weil diese Länder ein Jahrzehnt lang einen Boom erlebten, den unsere Banken bereitwillig auf Pump finanzierten.

Auslöser war der massive Zinsrückgang im Zuge der Währungsunion in diesen Ländern, die vorher Hochzinsländer gewesen waren. Durch diesen Zinsrückgang erhöhte sich die Schuldentragfähigkeit massiv. Staat, Unternehmen und Haushalte nahmen zusätzliche Kredite auf. Der zusätzliche Geldzustrom trieb die inländische Nachfrage nach oben, es wurde weit mehr verbraucht als produziert. So gaben Griechenland und Portugal allein in den fünf Jahren bis 2007 gut 40 Prozent einer Jahreswirtschaftsleistung mehr für Importe, Schuldzinsen und Ähnliches aus, als sie für Exporte, empfangene Kapitalerträge und Ähnliches einnahmen. In Spanien war das Defizit nur etwas niedriger. Um dieses Defizit, genannt Leistungsbilanzdefizit, stieg die Auslandsverschuldung des Landes.

Was auf Dauer nicht gutgehen konnte, ging nicht gut. Als die Kreditvergabebereitschaft aufgrund der von den USA ausgehenden Finanzkrise ab 2008 stark sank, kam der kreditgetriebene Boom zum Stillstand. Er drehte sich in sein Gegenteil um, weil jetzt Entschuldung angesagt war, Staat, Haushalte und Unternehmen hatten also jedes Jahr weniger Geld auszugeben als im Vorjahr, weil sie einen Teil ihres Einkommens für Schuldentilgung reservierten.

Weil Europas Regierungen und die Notenbanken sich allein auf die Begrenzung der Staatsschuld konzentrierten, die im Fall Griechenlands auch noch manipuliert wurde, ignorierten sie die Problematik der Schuldentragfähigkeit ganzer Volkswirtschaften. Diese zu sichern, hätte verlangt, entweder direkt die Ungleichgewichte im Außenhandel zu begrenzen, oder indirekt indem man die viel zu hohe Kreditvergabe in diesen Ländern deckelt.

Die Handelsdefizite der Südländer sind zwar zuletzt kleiner geworden. Sie sind aber weiterhin hoch. Die Auslandsverschuldung steigt weiter. Nun sorgt statt der Privatbanken die Europäische Zentralbank für die Finanzierung.

Die Verantwortlichen tun indes weiter so, als müsse man nur die Staatsdefizite in den Griff bekommen, und das Problem wäre gelöst. Doch wenn die Südländer ihre Auslandsschulden auf ein tragfähiges Niveau senken wollen, müssen sie Exportüberschüsse erzielen. Wenn sie das nicht schaffen, weil Deutschland das Gleiche will und als Konkurrent übermächtig ist, wird irgendwann offensichtlich, dass die Schulden nie zurückgezahlt werden können. Die inzwischen sehr hohen deutschen Forderungen wären dann abzuschreiben – die Währungsunion kaum noch zu retten.

Ist Irland wirklich der Musterschüler unter den Krisenländern?

Als Musterschüler unter den Krisenländern gilt Irland. Die »Troika« aus Europäischer Zentralbank, Internationalem Währungsfonds und EU-Kommission lobt die irische Regierung regelmäßig ob ihrer Fortschritte bei der Haushaltssanierung.

Nun raten Sie mal, wer 2010 das höchste Haushaltsdefizit der Europäischen Union hatte? Richtig, die irische Regierung mit astronomischen 32 Prozent des Bruttoinlandsprodukts. Ein höheres Defizit hat kein Land der EU je gehabt. Und wer hatte 2011 das höchste Defizit? Wieder Irland mit 13,1 Prozent. Durch die exorbitanten Ausgaben für die Bankenrettung ist der Schuldenstand der Regierung von 25 Prozent einer Jahreswirtschaftsleistung vor der Krise auf über 100 Prozent nach oben geschossen.

Dennoch konnte die Regierung jüngst stolz verkünden, dass sie ihr für 2011 mit der Troika vereinbartes Defizitziel von 10,6 Prozent um gut ein Prozent unterboten hat. Der Trick: Die Troika unterscheidet im Fall Irlands zwischen guten und schlechten Defiziten. Gute Defizite werden im Programm nicht mitgezählt. Geld, das eine Regierung den Banken gibt, ist für die Troika immer gut angelegtes Geld. Deshalb werden die riesigen Ausgaben zur Bankenrettung ausgeklammert. Dabei wird betont, die Ausgaben für die Banken seien Einmalausgaben. Es sind allerdings Einmalausgaben, die sich wiederholen.

Gleich 2008 hatte die Regierung eine Garantie für die Verbindlichkeiten aller irischen Banken übernommen. Und zwar in der Erwartung, wie Notenbankgouverneur Patrick Honahan das ausdrückte, »dass keine der Institutionen insolvent war, und dass ihre Probleme hauptsächlich vom Einfrieren der Märkte für kurzfristige Liquidität nach der Pleite von Lehman Brothers herrührten«. Auch nachdem die Regierung im Jahr 2010 ein Fünftel des Bruttoinlandsprodukts in den Banken versenkt hatte, ging man von einmaligen Belastungen aus. Aber dann mussten im Sommer 2011 noch einmal 17,6 Milliarden Euro aufgewendet werden, um die Banken auf Vordermann zu bringen.

Es ist offensichtlich, dass die Troika ein Vorzeigemodell für ihre Sparpolitik braucht, und deshalb Irland mit ganz anderen Maßstäben misst als Spanien oder gar Griechenland.

Die zwiespältige Rolle der Notenbanken

Braucht die EZB vielleicht bald neues Kapital vom Steuerzahler?

Bei ihren Rettungsaktionen hat sich die Europäische Zentralbank (EZB) Bilanzrisiken aufgeladen, die viele Bürger schaudern lassen. Sie fürchten, dass die Notenbank im Falle einer Staatspleite hohe Verluste erleidet und Milliardenhilfen vom Steuerzahler benötigt, weil sie mit frischem Kapital ausgestattet werden muss. Das Euro-System, also die EZB-Zentrale in Frankfurt und die 17 nationalen Notenbanken des Euro-Raums, hat für über 200 Milliarden Euro Staatsanleihen von Krisenländern gekauft. Zudem hat das System Forderungen an Banken von rund einer Billion Euro.

Wenn Griechenland sich für bankrott erklären und den Euro verlassen würde, und dann vielleicht auch noch Portugal und Spanien, wäre das Euro-System nach normalen Maßstäben pleite. Allerdings gelten für Notenbanken keine normalen Maßstäbe, weil sie das Geld selbst schaffen, mit dem sie ihre Rechnungen bezahlen.

Man kann sich eine Notenbankbilanz vorstellen, wie zu Zeiten der Goldwährung die Bilanz eines Alchemisten, der tatsächlich Gold aus Sand erschaffen kann. Angenommen, er verleiht dieses Gold, gegen Zinsen an Banken. Eine große Bank geht bankrott, die Goldforderung an diese Bank ist abzuschreiben. Ist der Alchemist dann pleite und braucht neues Eigenkapital? Nein. Er kann weiterhin mit dem Gold, das er schafft, all seine Rechnungen bezahlen.

Bei den Notenbanken sieht man das nicht so leicht, weil sie durch alle möglichen erfundenen Bilanzpositionen auf der Passivseite so tun, als stünden dem geschaffenen Geld Verbindlichkeiten gegenüber. Das senkt den auszuweisenden Gewinn, den die Notenbanken an die Finanzminister abführen müssen. Nehmen wir an, unser Alchemist habe einen herrischen Meister, dem er seinen ganzen Gewinn abliefern muss. Deshalb schafft er für jede Goldforderung an seine Bankenkunden eine Gegenbuchung auf der Passivseite der Bilanz, die er zum Beispiel »Goldumlauf« nennt (im Euro-System heißt sie Bargeldumlauf). Dann muss er nur noch die Zinseinnahmen als Gewinn buchen, nicht mehr die laufende Zunahme seiner Goldbestände. Geht eine Bank pleite, ist die Forderung an diese abzuschreiben. Sie wird das Gold am Ende der Leihfrist nicht zurückgeben.

Das Gold ist aber weiter im Umlauf. Was macht der Alchemist? Er erfindet eine Buchung auf der Aktivseite, um die Bilanz auszugleichen. Die nennt er zum Beispiel »Verlustvortrag«. Die Bilanz ist ausgeglichen. Seine Rechnungen kann er weiter bezahlen. Wenn sein Meister alt und dement genug geworden ist, kann er ihn natürlich auch zu einer »Rekapitalisierung« auffordern, und sich so den früher ausgeschütteten Gewinn zurückholen. Er muss es aber nicht.

Muss die Bundesbank ihre Target-Guthaben abschreiben, wenn der Euro scheitert?

Die Bundesbank hat Forderungen an die EZB aus Target-2-Salden, die sich bis Juni 2012 auf spektakuläre 700 Milliarden Euro aufsummiert hatten. Target 2 ist das Zahlungsverkehrssystem, über das die Notenbanken grenzüberschreitende Zahlungen abwickeln. Wenn eine italienische Bank über die Bank von Italien und die Bundesbank Geld an eine deutsche Bank überweist, entsteht für die Bank von Italien eine Target-2-Verbindlichkeit und die Bundesbank bekommt ein entsprechendes Guthaben. Forderungen und Verbindlichkeiten werden am Ende des Tages miteinander verrechnet. Der Saldo bleibt als Forderung oder Verbindlichkeit der nationalen Notenbanken gegenüber der EZB.

Die Länder mit den Target-2-Verbindlichkeiten sind vor allem die Krisenländer im Euroraum. Wenn von diesen einzelne oder alle irgendwann keine weiteren Hilfen erhalten, pleitegehen und aus dem Euro austreten sollten, steht die Werthaltigkeit der Target-Forderungen der Bundesbank in Frage.

Entstanden sind die Target-2-Salden, weil vor allem die Banken in den Südländern massenhaft auf die großzügig angebotenen EZB-Kredite zurückgreifen und viel von diesem neu geschaffenen Geld durch die Bezahlung von Importen und wegen Kapitalflucht den Weg nach Deutschland findet.

»In einer Währungsunion mit stabilem Zusammenhalt sind die Salden keine Risiken«, hat uns EZB-Chef Mario Draghi im Februar 2012 versichert. Das heißt im Umkehrschluss: Wenn der Euro-Raum auseinanderfällt, sind sie ein Risiko – ein beträchtliches.

Was mit den Target-Verbindlichkeiten passieren würde, wenn z.B. Griechenland aus dem Euro austräte, ist unklar, da es keine Regelungen für einen solchen Schritt gibt. Dass das Land sie je in Euro begleichen kann und wird, wenn es nicht mehr der Währungsunion angehört, ist illusorisch. Bestenfalls würde die Verbindlichkeit eins zu eins in neue Drachmen umgestellt, die dann aber schnell kräftig abwerten dürften.

Wenn Griechenland seine rund 100 Milliarden Euro Target-Verbindlichkeiten nicht mehr begleichen könnte, würde bei der EZB ein entsprechender Buch-Verlust anfallen. Sie müsste dann wohl einige Jahre lang alle Zinsausschüttungen an die nationalen Zentralbanken einstellen, sodass für die Steuerzahler der Notenbankgewinn ausfiele. Man kann sich das so verdeutlichen: Die Euro sind weiterhin in Umlauf, die die griechische Notenbank geschaffen hat, aber vom Geldschöpfungsgewinn, der über die Target-Salden verteilt werden sollte, sehen die anderen ihren Anteil pleitebedingt nicht mehr. Da die Euro schon in Umlauf sind, können sie künftig entsprechend weniger neue Euros schaffen, was ihren Geldschöpfungsgewinn schmälert.

Wenn mehrere Länder austräten, und die EZB aufhörte zu existieren, hätte die Bundesbank kein Gegenüber mehr für die 700 Milliarden Euro Notenbankgeld, mit dem Staat, Unternehmen und Bürger der Südländer ihre Importrechnungen bezahlt und ihre Auslandsvermögen aufgestockt haben. Das Geld ist in Deutschland in Umlauf, kann also von der Bundesbank nicht neu in Umlauf gebracht werden. Zinsen auf ihre entsprechenden Target-Forderungen bekäme sie nicht mehr. Bei einem Prozent Zins betrüge der Verlust für den deutschen Steuerzahler fünf Milliarden Euro pro Jahr – auf Dauer.

Ein großer Teil der Target-Forderungen der Bundesbank könnte also tatsächlich abzuschreiben sein, wenn die Währungsunion zerbräche. Den Finanzminister müsse die Bundesbank wie gesehen deswegen nicht wegen einer Rekapitalisierung anhauen. Sie könnte sich einfach einen Gegenposten in die Bilanz schreiben. Aber der Bundesbankgewinn würde längere Zeit gedrückt. Allerdings wäre die Bundesbank dann wieder wie früher die Leitnotenbank Europas und könnte wieder den Geldschöpfungsgewinn dafür einstreichen, dass sie halb Europa mit D-Mark versorgt.

Versteht EZB-Chef Mario Draghi den Geldkreislauf nicht?

Dass der Präsident der Europäischen Zentralbank (EZB) den Geldkreislauf nicht versteht, kann man getrost ausschließen. Mario Draghi hat das Notenbankwesen fast mit der Muttermilch aufgesogen. Schon sein Vater war hoher Zentralbankbeamter. Dennoch sagte der Präsident der Europäischen Zentralbank (EZB) der Bild-Zeitung im März 2012 etwas Falsches, als er nach Inflationsgefahren aufgrund übermäßiger Liquidität gefragt wurde: »Die Banken, denen die EZB das Geld geliehen hat, haben es zu großen Teilen nicht in den Wirtschaftskreislauf eingespeist, sondern damit alte Verbindlichkeiten abgelöst. Deshalb ist das Geld mit Blick auf die Inflation gleichsam neutralisiert«, behauptete er.

Es stimmt zwar, dass die Banken die Billion Euro Dreijahreskredite, die sie um die Jahreswende 2011/12 von der EZB bekommen hatten, bis dahin nur zu einem kleinen Teil in Umlauf gebracht hatten. Das konnte man an den Geldmengenzahlen sehen, die kaum gestiegen waren. Doch das Ablösen alter Verbindlichkeiten mit Geld von der Zentralbank ist keine Neutralisierung dieses Geldes, sondern im Gegenteil ein wichtiger Kanal, über den das Zentralbankgeld in den Wirtschaftskreislauf eingespeist wird.

Das gilt immer dann, wenn eine Bank Schulden bei einem inländischen Kreditgeber begleicht, der nicht selbst eine Bank ist. Wenn etwa die Deutsche Bank eine auslaufende Bankanleihe im Volumen von einer Milliarde Euro ablöst, die von der Allianz gehalten wird, überweist sie eine Milliarde Euro auf ein Konto der Allianz. Dadurch entsteht ein Bankguthaben der Allianz bei der Deutschen Bank, das es vorher nicht gab. Daraus kann die Allianz Mitarbeiter oder Lieferanten bezahlen, oder damit andere Wertpapiere kaufen. Es sind also neue Zahlungsmittel in Umlauf gekommen.

Das Geld kommt auch in Umlauf, wenn die Banken Unternehmen oder Privatleuten Staatsanleihen abkaufen oder ihnen Kredit geben. Aber das Ablösen von Schulden wird der Hauptweg des zusätzlichen EZB-Geldes in den Kreislauf sein. Denn gerade weil in den Jahren 2012 und 2013 Hunderte Milliarden Euro Anleihen auslaufen, die die Banken allenfalls zu hohen Zinsen durch neue ersetzen könnten, haben sie sich auf Vorrat Kredit bei der EZB geholt.

Hat die EZB mit ihrer Liquiditätsflut eine Kreditklemme verhindert?

EZB-Präsident Mario Draghi rechtfertigte die Billion Euro an Dreijahreskrediten, die er den Banken zu Vorzugskonditionen gegeben hat, mit der Abwendung einer Kreditklemme für Unternehmen und Haushalte. Er verwies auf die Geldmenge M3, die im Dezember 2011 den dritten Monat in Folge deutlich zum Vormonat zurückgegangen war. Die Geldmenge ist eine Größe, die misst, wie viele Zahlungsmittel in Form von Bargeld oder liquiden Bankeinlagen verfügbar sind.

Die Geldmenge M3 ist nach der großzügigen Kreditvergabe der EZB an die Banken tatsächlich wieder gestiegen, und zwar allein im Januar und Februar 2012 um 123 Milliarden Euro. Die Jahresveränderungsrate nahm um 1,2 Prozentpunkte zu und stieg auf 2,8 Prozent. Wenn man allerdings auf die Kreditseite schaut, so sieht man, dass der Anstieg nicht daher rührt, dass die Kreditvergabe an Unternehmen und Haushalte wieder in Schwung gekommen wäre.

Von November bis Februar ist die Kreditvergabe der Banken an den Privatsektor (genauer: das ausstehende Kreditvolumen) um 63 Milliarden Euro zurückgegangen. Die Wachstumsrate zum Vorjahr fiel von 2,7 Prozent im Oktober auf 0,7 Prozent im Februar. Schaut man nur auf die besonders wichtigen Kredite an Unternehmen, so sieht es nicht besser aus. Hier ist das Kreditvolumen um 41 Milliarden Euro zurückgegangen.

Die ganze Geldmengenausdehnung scheint daher zu rühren, dass die Banken ab November 2011 – als für sie die kommende Liquiditätsflut von der EZB absehbar war – wieder sehr viel mehr Staatsanleihen kauften. Netto volle 165 Milliarden Euro zusätzlich haben sie in vier Monaten in Staatsanleihen investiert. Die Jahreswachstumsrate ihres Engagements in Staatsschuldtiteln stieg von knapp über null auf 13 Prozent.

Wenn die Banken von Versicherern, von Unternehmen oder privaten Haushalten oder direkt vom Staat Staatsanleihen kaufen, dann steigt die Geldmenge, weil die Verkäufer im Gegenwert der Wertpapiere Giro-Guthaben bei den Banken bekommen. Diese zählen zur Geldmenge.

Am meisten hat die Billion von der EZB den Banken geholfen: direkt dadurch, dass sie mit billigem Geld hochverzinsliche Wertpapiere kaufen konnten und so einen schönen Gewinn machten, indirekt dadurch, dass die Staatsanleihen in ihren Beständen aufgrund der stark erhöhten Nachfrage deutlich an Wert gewonnen haben. Am zweitmeisten profitierten die klammen Regierungen der Südländer, am wenigsten die Privatwirtschaft.

Dürfen nur die Westeuropäer Banken verstaatlichen, die Griechen aber nicht?

Quod licet Jovi, non licet bovi. Was dem Jupiter zu tun beliebt, das geziemt dem Ochsen noch lange nicht, lautet ein lebenskluges Sprichwort aus dem Mittelalter. Es gibt kein Recht des Ohnmächtigen auf Gleichbehandlung heißt das.

Die Ochsen, die in unserem Fall noch lange nicht dürfen, was die stolzen Westeuropäer dürfen, sind die Griechen. Während Briten, Franzosen oder Österreicher ihre Banken verstaatlichen, wenn diese auf Hilfe vom Steuerzahler angewiesen sind, mussten die griechischen Parteichefs Mario Draghi, dem Präsidenten der Europäischen Zentralbank (EZB), im Februar 2012 versprechen, dass sie »die geschäftliche Autonomie der Banken wahren werden«.

Das war eine wenig publizierte Bedingung für weitere Hilfsmaßnahmen für Griechenland. Der griechische Staat soll zwar Banken mit staatlichen Mitteln vor dem Bankrott bewahren. Dafür bekommt der Staat aber nur Aktien mit eingeschränktem Stimmrecht.

Die Ungleichbehandlung hat handfeste Gründe. Sie soll verhindern, dass Regierungen in Schwierigkeiten an der außerordentlichen Großzügigkeit der EZB ihren Schutzbefohlenen gegenüber partizipieren. Die EZB sieht es als ihre heilige Pflicht an, Banken mit neuem, billigem Geld herauszuhauen, wenn diese sich und die Wirtschaft durch übermäßiges Zocken in die Bredouille gebracht haben. Dagegen verbietet ihr der (von Zentralbankern nicht unmaßgeblich mitgestaltete) EU-Vertrag, Staaten zu helfen, die in Finanzprobleme geraten sind.

Schlaue Regierungsbeamte könnten auf die Idee kommen – dem Vernehmen nach sind manche das auch – Einfluss auf die Banken zu nehmen, um an der Großzügigkeit der EZB zu partizipieren. Über eine Billion Euro Kredit für drei Jahre haben die Banken zum Zins von nur einem Prozent von der EZB bekommen. Wenn die Regierungen Griechenlands, Italiens oder Spaniens zu diesen Konditionen plus einer moderaten Bankmarge reichlich Bankkredite bekämen, wäre ihre Finanzkrise schnell zu Ende.

Der EU-Vertrag verbietet zwar, dass die Notenbank die Regierung direkt finanziert. Für Banken gehörten Kredite an staatliche Stellen dagegen schon immer zu ihrem Geschäft.

Es liegt auf der Hand, dass der EZB so eine Lösung der Krise nicht recht sein kann. Sie hält den Druck der Anleihemärkte für heilsam, weil er die Regierungen von Griechenland, Italien, Spanien, Portugal und Irland zu harten Sparmaßnahmen und

Einschnitten in Arbeits- und Sozialrecht genötigt hat, die die EZB seit langem gefordert hat. Diesem Druck könnten sich die Regierungen entziehen, wenn sie ihren Finanzbedarf über Bankkredite statt Anleihen decken könnten.

Als es ihr allerdings in den Kram passte, Mitte August 2012, galt plötzlich etwas ganz anderes. Griechenland musste eine Anleihe über 3,5 Milliarden Euro zurückzahlen, die inzwischen bei der EZB lag. Das Geld aus dem Rettungsprogramm stockte, weil die Umsetzung des Sanierungsprogramms für Griechenland nicht klappte. Andererseits wurde der Rettungsfonds ESM noch vom deutschen Verfassungsgericht aufgehalten, sodass eine Pleite Griechenlands zu diesem Zeitpunkt noch zu früh gekommen wäre. Was tat die EZB? Sie vereinbarte mit den Griechen, dass die Regierung kurzlaufende Anleihen begeben und mit dem Erlös die EZB ausbezahlen würde. Die griechische Notenbank sollte den griechischen Banken Kredit geben, damit diese wiederum die Geldmarktpapiere der Regierung kaufen. Man sieht: Über Genehmigung oder Verbot von solchen Banken-Kreditaktionen hat die EZB alle Macht, die Staatsschuldenkrise zu entschärfen oder zu verschärfen.

Gibt es wirklich kein Mittel gegen Spekulationsblasen?

Die westliche Welt hat in nur einem Jahrzehnt zwei große Spekulationsblasen erlebt, erst die New-Economy-Blase am Aktienmarkt, die 2001 platzte, dann die Preisblasen an den Immobilienmärkten der USA, Irlands, Spaniens und Griechenlands.

Wenn solche Blasen platzen, richten sie großen Schaden an. Unternehmen und Haushalte stehen dann mit hohen Schulden da, denen keine entsprechenden Werte mehr gegenüberstehen. Sie versuchen sich durch Sparen zu entschulden, was allerdings nicht klappen kann, wenn es alle machen, weil dann Nachfrage und Einkommen wegbrechen.

Der frühere US-Notenbankchef Alan Greenspan vertrat dezidiert die Ansicht, man könnte kaum etwas dagegen tun, dass solche Spekulationsblasen entstehen. Man könne nur dann, wenn sie geplatzt sind, alles tun, um die Folgen abzumildern.

Unter Europas Notenbankern war die Haltung Greenspans immer sehr umstritten. Trotz langer Diskussion kamen sie aber zu keiner Gegenstrategie, die Spekulationsblasen verhindern oder kleinhalten könnte. Das Problem ist, dass die Notenbanken ihren Instrumentenkasten im Wesentlichen auf die Leitzinspolitik eingeengt haben.

Mit nur einem Instrument kann man schwerlich gleichzeitig Stabilität der Verbraucherpreise, Stabilität der Aktienkurse und Stabilität der Immobilienpreise erreichen. Die EZB vertritt die These, man könne sich immerhin »gegen den Wind lehnen«. Das bedeutet, man setzt den Leitzins eher etwas höher an, als man dies allein mit Blick auf die Inflation täte, wenn Aktien- oder Immobilienpreise übermäßig stark steigen.

Der Verdacht liegt indessen nahe, dass die EZB damit nur ihre Hilflosigkeit in ein Argument für eine restriktive Geldpolitik ummünzt, die sie ohnehin verfolgen will. Die EZB nimmt immer gern Argumente für eher hohe Zinsen entgegen, als Gegengewicht zum politischen Druck, die Zinsen niedrig zu halten.

Doch das »gegen den Wind lehnen« funktioniert nicht. Da hatte Greenspan Recht. Es führt nur dazu, dass sich die Investoren in Sicherheit wiegen, weil die Inflation eher ein bisschen zu niedrig ist als zu hoch. Dann kann man ohne Angst vor starken Zinssteigerungen Kredite aufnehmen, um an einer Blase zu verdienen.

Dass es eine spekulative Blase am Immobilienmarkt oder Aktienmarkt verhindern könnte, wenn die Zinsen ein halbes Prozent höher sind, als sie sonst wären, hat noch niemand überzeugend darlegen können. Wenn die Kurse und Preise jedes Jahr zweistellig steigen, fällt das nicht ins Gewicht und hält niemand vom Spekulieren auf weitere Wertsteigerungen ab.

Spekulationsblasen entstehen, wenn zu viel neues Geld in eine bestimmte Art von Finanzanlagen fließt. Das lässt sich an der Zunahme der jeweiligen Kreditarten ablesen. Wenn sich wie in den USA das Volumen der ausstehenden Immobilienkredite innerhalb weniger Jahre verdoppelt, dann ist mit Blindheit geschlagen, wer darin nicht eine von zu viel neuem Geld getriebene Blase sieht. Ähnlich ist es, wenn massenhaft Aktien oder Unternehmen auf Kredit gekauft werden.

Die Diagnose ist also einfach. Bleibt das Problem der Gegenmaßnahmen. Die Zinspolitik taugt nicht richtig. Denn wenn die Zentralbank den Zins anhebt, weil zu viel Geld in Immobilien fließt, schadet sie damit allen Unternehmen und Kreditnehmern, während der Einfluss auf eine entstehende Preisblase bei Immobilien in Anbetracht der von Investoren erhofften hohen Wertsteigerungen minimal ist.

Ähnliches gilt für das Vorhaben, das Problem über die Bankenaufsicht anzugehen. Dort ist geplant, den Banken einen »antizyklischen Kapitalpuffer« aufzuerlegen, wenn das Kreditwachstum hoch ist. Weil aber keine Unterscheidung nach Kreditarten vorgesehen ist, tritt das gleiche Problem auf. Wenn in Immobilien spekuliert wird, deshalb die Immobilienpreise steigen und die Banken reichlich Hypothekenkredite vergeben, müssten sie mehr Kapital vorhalten, was die Kreditvergabe unattraktiver macht. Aber es macht eben jede Art von Kreditvergabe unattraktiver. Kredite an kleine und mittlere Unternehmen, die in Zeiten boomender Märkte von den Banken als lästige Pflicht wahrgenommen werden, kommen dadurch leicht als erste unter die Räder.

Dabei gibt es eine einfache und offensichtliche Alternative. Warum nicht, wenn die Hypothekenkredite ins Kraut schießen, den Banken enge Obergrenzen für ihr Kreditwachstum in diesem Segment setzen. Damit kann man zielgenau den Zustrom neuen Geldes begrenzen und das weitere Aufblähen einer Blase verhindern, ohne dass dadurch andere Kreditnehmer betroffen werden. Es gibt vor allem eine Gruppe, die unter einer solchen Strategie litte: das Spitzenpersonal der Banken. Denn jede Spekulationsblase wirkt sich äußerst positiv auf deren Einkommen aus.

Stimmt es, dass die Europäische Zentralbank keine Bankenrettung betreibt?

Auf einer Diskussionsveranstaltung der Grünen-Bundestagsfraktion im Juni 2012 zum Thema »Bankenrettung durch die EZB – Wem nützt‘s? Wem schadet‘s? Gibt es bessere Alternativen?« trat

Jörg Asmussen auf, ein Mitglied im Direktorium der Europäischen Zentralbank (EZB). Er beschwerte sich über den aus seiner Sicht falschen Titel. Denn für ihn ist klar, dass die EZB keine Bankenrettung betreibt, weil sie den Banken kein Kapital, sondern nur Liquidität zur Verfügung stelle.

Die Unterscheidung ist ziemlich spitzfindig. Die Banken brauchen »Liquidität« in Form von unlimitierten Krediten von der Zentralbank zu einem Zins unterhalb der Inflationsrate, weil sie sich gegenseitig aus gutem Grund nicht mehr trauen. Asmussen betont zwar, die EZB gebe nur kreditwürdigen Banken ihre Liquiditätskredite. Aber zum Ersten unterscheidet sich ihr Urteil über die Solvenz vieler Banken ganz eklatant vom Urteil der Branche. Sonst würden sich die Banken gegenseitig trauen und Geld leihen. Zum Zweiten wäre das gesamte Bankensystem längst pleite, wenn die EZB ihm nicht mit dieser überaus großzügigen Kreditbereitstellung über alle selbst verursachten Probleme hinweggeholfen hätte. »Die EZB hat dem Bankensystem lebenserhaltende Infusionen gegeben«, sagte Asmussen dazu an anderem Ort.

Und drittens ist ein erklärtes Ziel der mit drei Jahren besonders langfristigen und mit einer Billion Euro besonders umfangreichen Kredite, welche die EZB um die Jahreswende 2011/2012 den Banken gegeben hat, deren Gewinnsituation zu verbessern. Sie will ihnen erklärter Maßen ermöglichen, mehr Gewinn zu machen, um so ihr Eigenkapital aufzufrischen. Der Unterschied zur direkten Kapitalbereitstellung wird fließend, wenn die EZB Banken Kredit zu einem Prozent gibt, mit dem sie Staatsanleihen kaufen können, die viel höhere Renditen abwerfen.

Manche kommen nun auf die Idee, die EZB könne wenigstens zur Bedingung machen, dass diese Gewinne tatsächlich für die Kapitalaufstockung verwendet werden, und nicht für Dividendenzahlungen und Boni. Regelmäßig mahnt EZB-Präsident Mario Draghi die Banken so zu verfahren. Aber mehr als mahnen kann die EZB nicht, glaubt man Asmussen. Denn der EU-Vertrag verpflichte die EZB, »im Einklang mit dem Grundsatz einer offenen Marktwirtschaft mit freiem Wettbewerb, wodurch ein effizienter Einsatz der Ressourcen gefördert wird«, zu handeln.

»Die Weiterverwendung der Zentralbankliquidität ist also den Kreditinstituten zu überlassen«, schließt Asmussen daraus messerscharf. Warum genau das folgt, sagt er nicht. Ist es, weil die Banken bewiesen haben, wie sehr ihre Anlage und Kreditentscheidungen dem effizienten Einsatz finanzieller Ressourcen dienen? Wohl eher nicht.

Ob das so viel mit Marktwirtschaft zu tun hat, wie die EZB die Banken päppelt, ist die eine Frage. Die andere ist, welches marktwirtschaftliche Prinzip sie daran hindert, ihre geldpolitischen Vorzugsmaßnahmen nur denjenigen Banken zu öffnen, die sie ausweislich ihrer Dividenden- und Vergütungspolitik wirklich brauchen und verdienen.

Fazit: Wenn die EZB keine Bankenrettungspolitik betreibt, dann ist ein Stuhl kein Sitzmöbel. Aber wenn Asmussen das zugeben würde, könnte er unbequemen Fragen wie: »Wem nützt's? Wem schadet's? Gibt es bessere Alternativen?« nicht mehr ausweichen. Er müsste sich ernsthaft mit dem Vorwurf auseinandersetzen, dass sich die Zentralbanken als Sachwalter der Interessen der Banken benehmen, statt als Vertreter des öffentlichen Interesses.

Hätten die Notenbanken die Euro-Krise heimlich entschärfen können?

Die Bilanzsumme der EZB und der mit ihr zum »Eurosystem« verbundenen 17 nationalen Zentralbanken der Währungsunion ist mit drei Billionen Euro riesig. Die Bilanzierung, deren Regeln die EZB selbst beschließt, ist ziemlich milchig. Man kann mehr erahnen, was in dieser Bilanz vorgeht, als dass man es wüsste.

So weist die EZB Mitte 2012 einen Bestand von Wertpapieren, die »für geldpolitische Zwecke« gehalten werden, von 280 Milliarden Euro aus. Das sind rund 220 Milliarden Euro Staatsanleihen, die sie im Rahmen eines SMP getauften Programms gekauft hat, außerdem 60 Milliarden Euro Pfandbriefe von privaten Emittenten, hinter denen sich zum Teil auch wieder Staatsschulden verstecken.

Der tatsächliche Bestand an Staatsanleihen, den die Notenbanken des Eurosystems halten, ist aber viel größer. Weitere 322 Milliarden Euro Anleihen, ganz überwiegend Staatsanleihen, werden offen ausgewiesen. Das sind Anleihen, die die nationalen Notenbanken in eigener Regie gekauft haben. Im Laufe der Krise hat dieses kaum beachtete Portfolio um rund 100 Milliarden Euro zugelegt. In einem anderen Posten mit dem Namen Sonstige Aktiva von 251 Milliarden Euro steckt ebenfalls ein größerer Anteil Staatsanleihen. Wie groß dieses weitere Anleiheportfolio ist, weiß man nicht. Insgesamt könnte das Staatsanleiheportfolio des Eurosystems 650 bis 700 Milliarden Euro betragen.

Die EZB hält geheim, wie viele Anleihen welcher Länder sie im SMP-Programm gekauft hat. Auch die nationalen Notenbanken weisen nur aus, wie sich ihr eigener Anleihebestand auf heimische und ausländische Anleihen verteilt.

Den Geschäftsberichten der italienischen Notenbank kann man zum Beispiel entnehmen, dass sie 2010 überwiegend Anleihen aus anderen Euro-Ländern gekauft hat. Obwohl italienische Anleihen ab Herbst 2010 unter Druck kamen, ließ die Notenbank deren Anteil am »sonstigen« Wertpapierportfolio deutlich sinken. Dafür kaufte sie 2011 per Saldo praktisch nur italienische Papiere und erhöhte deren Bestand um fünf Milliarden Euro. Solche Detailinformationen bekommt man allerdings erst fünf Monate nach Jahresende. Ob der Strategiewechsel davon abhängt, wer gerade regiert und wie er sich der Notenbank gegenüber benimmt, weiß keiner.

Wenn sie möchten, könnten die Notenbanken der Südländer gegenseitig die Anleihen der jeweils anderen Südländer kaufen und Bundesanleihen verkaufen. An ihren Bilanzen könnte das keiner sehen. Das würde den wichtigsten Krisenmaßstab, den Renditeabstand zwischen Bundesanleihen und Süd-Anleihen, kräftig drücken. Offenkundig tun sie das bisher nicht, jedenfalls nicht in großem Maßstab. Sie können es aber auch umgekehrt machen, wenn sie ihre Regierungen unter Druck setzen wollen.

Stimmt es, dass die Schweiz an der Euro-Krise nur gewinnen kann?

Am Beispiel der Schweiz kann man schön sehen, welches Privileg es ist, eine eigene Währung zu haben, von der man beliebige Mengen aus dem Nichts schaffen kann. Der Schweizer Franken war im Zuge der Finanzkrise von Mitte 2007 bis Mitte 2011 von 1,65 Franken je Euro auf weniger als 1,1 Franken je Euro gestiegen, weil Fluchtgeld aus dem Euroraum bei den als relativ sicher geltenden Banken der Alpenrepublik angelegt wurde. Seit 2011 kauft die Notenbank, um die preisliche Wettbewerbsfähigkeit der Schweizer Wirtschaft zu schützen, so viel Euro, wie nötig ist, dass der Euro-Kurs nicht unter 1,20 Franken fällt.

Diese Euro bezahlt sie mit Notenbankguthaben in Franken, die sie zu diesem Zweck zusätzlich schafft. Allein im Mai und Juni 2012 hat sie auf diese Weise ihre Devisenreserven um 127 Milliarden Franken oder mehr als 100 Milliarden Euro ausgedehnt. Insgesamt betragen sie mit 365 Milliarden Franken schon fast zwei Drittel einer Jahreswirtschaftsleistung. Milliarde für Milliarde wird die Schweiz reicher, wenn sie immer noch mehr Euro mit neuen Franken kaufen kann. Das kann die Notenbank so lange wie nötig machen, weil ihr das Geld nicht ausgehen kann, das sie selbst druckt. Aber ihr ist es wahrscheinlich ganz recht, wenn viele das nicht richtig verstehen und über die Grenzen der Devisenmarktintervention sinnieren und diskutieren. Denn das hält die Hoffnung am Leben, dass die Notenbank irgendwann aufhört, den Euro zu stützten und den Franken zu drücken, sodass den ausländischen Anlegern Aufwertungsgewinne winken würden. Das hält den lukrativen Zustrom von Euro in Gang.

Ein Problem entstünde nur dann, wenn die zusätzlichen Franken massenhaft für Käufe Schweizer Güter genutzt würden, was die Preise dieser Güter nach oben treiben würde. Aber das haben die ausländischen Anleger ja nicht vor. Ihr Geld soll nur sicher auf dem Bankkonto liegen. Bisher sind die Schweizer Preise auch noch sehr weit davon entfernt, zu stark zu steigen. Wegen der fallenden Einfuhrpreise aufgrund der vorangegangenen starken Franken-Aufwertung waren die Preise im Herbst 2012 noch rückläufig.

Selbst wenn die Euro-Krise wider Erwarten einmal aufhören sollte und das Fluchtkapital massenhaft die Schweiz wieder verließe, droht keine große Gefahr. Mit einem Devisenschatz in dieser Größenordnung kann die Notenbank auch in der anderen Richtung fast nach Belieben intervenieren. Sie könnte den Anstieg des Eurokurses durch Verkäufe ihrer Reserven zum Beispiel bei 1,30 Franken je Euro beenden. Wenn sie ein vernünftiges Kursziel verkünden würde, müsste es schon mit dem Teufel zugehen, wenn die Notenbank dabei mehr als einen relativ kleinen Teil ihrer zuvor gewonnen Reserven wieder einbüßen würde.

Interessant ist der Vergleich mit Deutschland, das auch einen starken Kapitalzustrom verzeichnet. Hier sind es nicht die Devisenreserven, die aufgebläht werden, sondern der sogenannte Target-Saldo. Diesen Saldo kann man tatsächlich interpretieren als Entsprechung zu den ebenfalls schnell wachsenden Devisenreserven der Schweizerischen Nationalbank. Beide sind nötig, um die Aufwertung der eigenen Währung gegenüber ausländischen Währungen zu verhindern. In der Schweiz passiert das, indem die Notenbank Euro aufkauft, die als Fluchtgeld in die Schweiz strömen.

Auch nach Deutschland fließt viel Geld aus den Krisenländern der Währungsunion, weil Deutschland viel mehr dorthin exportiert als von dort importiert und weil die dortigen Anleger ihre Euro in Sicherheit bringen wollen. Weil Deutschland aber Teil einer Währungsunion ist, kann die Bundesbank diesen Zufluss nicht wie die Schweizer in einen Gewinn für sich ummünzen. Während die Schweizer ihre Devisenreserven beliebig in den sichersten Wertpapieren anlegen können, bekommt die Bundesbank eine Gutschrift bei der EZB genannt Target-Saldo.

Während aber die Schweizer Notenbank selbst aus dem Nichts Frankenguthaben schafft, mit denen sie einen Devisenschatz anhäuft, sind es in der Währungsunion die Notenbanken der Krisenländer, welche die neuen Euro-Guthaben schaffen dürfen. Mit den auf Kredit von der Notenbank eingeräumten Guthaben bezahlen die dortigen Importeure die deutschen Waren oder die dortigen Anleger bringen sie außer Landes. Jeder Euro, der so nach Deutschland strömt, wird im Zahlungsverkehrssystem

Target als Verpflichtung der jeweiligen Notenbank gegenüber der EZB und als Guthaben der Bundesbank gegenüber der EZB gebucht.

Rund 400 Milliarden Euro betrug im Sommer 2012 der negative Saldo der Spanier, rund 100 Milliarden Euro der griechische, rund 700 Milliarden der positive deutsche Saldo. Da die Bundesbank dieses riesige Guthaben nicht anderweitig sicher anlegen kann, bleibt es abhängig von der Weiterexistenz der Währungsunion. Ein Verlust des griechischen 100-Milliarden-Saldos wäre vielleicht noch zu verkraften. Der Verlust würde wohl, wie als Grundprinzip vorgesehen, entsprechend der Kapitalanteile an der EZB auf alle verbleibenden Länder verteilt. Aber wenn die Währungsunion ganz zerbräche, wäre eher unwahrscheinlich, dass die anderen Länder bereit wären, ihre Target-Verbindlichkeiten zu begleichen oder deutsche Verluste mit zu tragen. Schließlich haben die Salden die hohen Exportüberschüsse Deutschlands finanziert. Wenn die Bundesbank große Teile ihres Target-Guthabens abschreiben müsste, hätte Deutschland seine Exportüberschüsse der letzten Jahre letztlich hergeschenkt. Das kann der Schweiz mit ihren sicher angelegten Devisenreserven kaum passieren. Das ist der Preis der Mitgliedschaft in einer Währungsunion, die Deutschland die hohen Außenhandelsüberschüsse der Vorjahre erst ermöglicht hat.

Brandmauern und Brandbeschleuniger

Hilft eine Finanztransaktionssteuer Krisen zu vermeiden?

Man kann zur Finanztransaktionssteuer, neudeutsch auch Tobin-Tax genannt, stehen wie man will, aber einen nennenswerten Beitrag zu einem sichereren Finanzsystem sollte man sich davon nicht erhoffen. Ebenso wenig eine nennenswerte Beteiligung der Finanzbranche an den Krisenkosten.

Die Steuer ist gedacht als kleiner umsatzbezogener Obolus auf jedes Börsengeschäft. Das soll ein sehr kurzfristiges, aber großvolumiges Rein und Raus aus bestimmten Positionen, zum Beispiel Währungen, unattraktiv machen. Die Befürworter erhofften sich davon ursprünglich, dass rein finanzmarktgetriebene Schwankungen der Wechselkurse, an die sich die produzierende Wirtschaft anpassen muss, seltener werden.

Mit den Ursachen für die gegenwärtige Finanzkrise hat das sehr wenig zu tun. Auch eine Wiederkehr derartiger Krisen macht sie kaum weniger wahrscheinlich. Ursprung der Krise war eine Kreditblase, die zuerst in den Vereinigten Staaten, dann in Teilen Europas platzte. Sie legte offen, dass die Banken viel zu viele Kredite an Immobilienkäufer oder den Staat gegeben hatten. Als die Hochkonjunktur, die der Kreditboom genährt hatte, zu Ende ging, und die vom Kreditzufluss nach oben getriebenen Immobilienpreise aufhörten zu steigen, wurde deutlich, in welch prekäre Lage sich die Banken manövriert hatten.

Hätte es eine Finanztransaktionssteuer gegeben, hätte das nichts geändert. Die exzessive Kreditvergabe wäre für die Banken in den Boom-Ländern nicht weniger attraktiv gewesen. Das Verpacken der Schrottkredite in synthetische Finanzprodukte, für die man sich von den Ratingagenturen Bestnoten kaufte, wäre ein kleines bisschen teurer geworden. Aber das waren keine kurzfristigen Geschäfte. Die kleine Steuer wäre nur einmal oder wenige Male angefallen. Die Gewinnspannen aus der Verwandlung von Schrottkrediten in erstklassige Wertpapiere waren sehr viel größer.

Im Übrigen wäre das Aufkommen einer Finanztransaktionssteuer voraussichtlich recht gering. Im Verhältnis zu den Gewinnen, die die Finanzinstitute mit der Kreditblase gemacht und dem Schaden, den sie verursacht haben, wäre das ein Klacks.

Wer das Finanzsystem ernsthaft sicherer machen oder die Banken an den Kosten der Schadensbehebung beteiligen will, muss bei den Ursachen ansetzen. Wenn zum Beispiel die Zentralbanken das Vielfache beschränken würden, um das die Banken das Notenbankgeld vermehren können, würden Kreditblasen weniger wahrscheinlich und die Banken sicherer. Die Notenbank und damit der Staat bekämen zulasten der Banken einen größeren Teil vom Geldschöpfungsgewinn. Das wäre kein Klacks.

Schließt die Währungsunion ihre Pforten?

Es gilt heute als Fehler, dass Ländern wie Griechenland durch großzügige Auslegung der Beitrittskriterien und großzügiges Übersehen der in Brüssel weithin bekannten Haushaltsmanipulationen, die Teilnahme an der Europäischen Währungsunion erlaubt worden ist. Denn Länder mit hohem Zinsniveau und niedrigen Einkommen erlebten aufgrund des Zinsrückgangs in der Währungsunion einen ungesunden Boom, in dessen Verlauf Löhne und Verbraucherpreise überproportional stiegen und die Preise für Immobilien durch die Decke schossen.

Ein solcher Boom nährt sich selbst. Wenn die Inflationsrate nachhaltig höher ist als im Durchschnitt der Währungsunion, die Zinsen aber einheitlich niedrig, dann ist der um die Inflationsrate bereinigte reale Zins in den Boom-Ländern besonders niedrig. Es lohnt sich dann umso mehr, Kredit aufzunehmen, und das Kreditwachstum treibt den Boom. Außerdem locken anhaltende Immobilienpreissteigerungen Spekulanten. Das führt zu einem Bauboom, der die Wirtschaft weiter antreibt und so die hohen Preise zu rechtfertigen scheint. Irgendwann kommt es dann zur Krise.

Die Europäische Zentralbank (EZB) glaubt, kein für sie akzeptables Mittel gegen solche sich selbst treibenden Kredit- und Spekulationsexzesse zu haben. Deshalb hat sie den Schluss gezogen, die Beitrittskriterien möglichst strikt auszulegen, um ärmere Länder von vorneherein draußen zu halten. Nachzulesen ist das Ergebnis dieser Strategie im jüngsten Konvergenzbericht, den die EZB im Mai 2012 vorgestellt hat.

Ein Beispiel: Kandidaten dürfen den Durchschnitt der drei Länder mit der niedrigsten Inflationsrate in der EU um maximal 1,5 Prozentpunkte überschreiten. Das Niveau der langfristigen Zinsen in diesen drei Ländern mit den niedrigsten Inflationsraten dürfen sie um bis zu zwei Prozentpunkte überschreiten. Irland, das wegen seiner Finanz- und Wirtschaftskrise Hilfen vom Europäischen Rettungsfonds bekommt, gehört zu den Ländern mit der niedrigsten Inflationsrate. Das ist kein Wunder, fallen doch die Löhne krisenbedingt kräftig. Ob das vorbildhaft ist, sei dahingestellt. Die EZB berücksichtigt die irische Inflationsrate aber bei der Berechnung des Inflationsschwellenwerts. Beim Niveau der langfristigen Zinsen wird Irland dagegen ausgeklammert, weil das sehr hohe Niveau dort nicht vorbildhaft sei. Die EZB hat also offensichtlich die Lehre gezogen, die Tür in der Währungsunion möglichst weit zuzuziehen.

Besser wäre es, an Instrumenten gegen negative Folgen eines an sich ja wünschenswerten Zinsrückgangs zu arbeiten. Aber das würde bedeuten, das Recht der Banken zu beschneiden, am Finanzieren einer Spekulationsblase viel Geld zu verdienen. Um das zu tun, sind unsere Notenbanker viel zu sehr Banker.

Stimmt es, dass die EZB mit einer Zinssenkung die Wirtschaft ankurbelt?

Nachdem sie ihren Leitzins sehr lange bei einem Prozent gehalten hatte, senkte ihn die EZB im Juli 2012 auf 0,75 Prozent. Man kann getrost davon ausgehen, dass sie die Zinsen schon lange davor auf null gesenkt hätte, wenn sie damit die Konjunktur ankurbeln könnte. Die Lage war ernst, die Währungsunion bedroht. Aber der Zins, zu dem sich Banken bei der EZB gegen Sicherheiten Liquidität in Form von befristeten Zentralbankguthaben besorgen können, hatte seinen Einfluss auf die Konjunktur bereits verloren. Die Guthaben bei der EZB brauchen die Banken, um die Bargeld-Auszahlungswünsche ihrer Kunden befriedigen und deren Überweisungen auf Konten bei anderen Banken ausführen zu können. Zentralbankguthaben lassen sich nämlich jederzeit in Bargeld umwandeln und Überweisungen zwischen Banken werden durch Übertragung von Zentralbankguthaben abgewickelt.

In normalen Zeiten tut die EZB zwar so, als betreibe sie allein Zinspolitik. Aber das stimmt nicht wirklich. Denn sie legt die Menge an Liquidität, die sie an die Banken gegen Zinsgebot versteigert, so fest, dass sich ein Auktionsergebnis nahe dem Leitzins einpendelt. Allein über den Zins regulieren würde sie nur, wenn sie zum Leitzins den Banken jede gewünschte Menge Notenbankgeld gäbe.

Im Zuge der Krise hat die EZB tatsächlich die Mengenbeschränkung aufgehoben. Seither bekommen die Banken zum Leitzins so viel befristete Zentralbankguthaben, wie sie wollen. Damit ist die EZB im Prinzip auf Zinspolitik übergeschwenkt. Aber nur im Prinzip. Die Banken in den Krisenländern der Währungsunion sind weiterhin mengenbeschränkt. Weil ihre Einlagekunden Geld abziehen, um ihre Rechnungen an das Ausland zu zahlen oder ihr Geld in Sicherheit zu bringen, haben diese Banken stets einen hohen Bedarf an neuen Zentralbankguthaben. Außerdem brauchen sie Zentralbankgeld, um auslaufende Bankanleihen zurückzuzahlen, die sie am Markt nicht mehr durch neue Anleihen ersetzen können. Weil aber die guten Sicherheiten für die Beschaffung von Zentralbankliquidität knapp werden, halten sie sich mit der Kreditvergabe zurück. Denn mit jeder Kreditvergabe entsteht ein Bankguthaben, das abgezogen werden kann und damit neuer Bedarf für Zentralbankgeld.

Ob der Leitzins bei einem oder keinem Prozent liegt, ändert an dieser Mengenbegrenzung nichts. Ein niedrigerer Zins hilft nur sehr indirekt, indem er die Kosten der bedürftigen Banken etwas senkt und damit deren Gewinne erhöht, sodass sie – Jahre später – vielleicht wieder mehr Kredite vergeben können. Man kann die kleine Zinssenkung durch die EZB im Juli 2012 als Verzweiflungstat betrachten, weil ihr nichts mehr einfiel, was sie Sinnvolleres hätte tun können, ohne gegen tatsächliche oder vermeintliche Verbote zu verstoßen.

Dabei hätte es durchaus einiges gegeben, was die EZB hätte tun können. Zunächst sollte sie sich eingestehen, dass es ein schwerer Fehler war, dass die EZB die Wechseldiskontpolitik der Bundesbank nicht übernommen hat. Wenn Handelswechsel bei der EZB als Sicherheiten einreichbar wären, etwa ein Wechsel, den ein Unternehmen ausstellt, um eine Maschine zu kaufen, dann wäre viel eher gewährleistet, dass Investitionen oder andere Käufe nicht mangels Kredit ausbleiben müssen. Realwirtschaftliche Transaktionen wären nicht mehr gegenüber Transaktionen im Finanzbereich benachteiligt. Denn im Wesentlichen sind es heute nur noch die Letzteren, bei denen die von der EZB akzeptierten Sicherheiten entstehen. Die Wechseldiskontierung sollte so schnell wie möglich wieder eingeführt werden.

Das Erfordernis, Sicherheiten zu stellen, dient in guten Zeiten dazu, die Banken zu disziplinieren und die Sicherheit des Bankensystems zu stärken. In schlechten Zeiten jedoch destabilisiert die Fixierung auf die Sicherheit der einzelnen Forderung und der einzelnen Bank das ganze System und macht alle Forderungen unsicherer. Denn, wenn die oben beschriebene Abwärtsspriale nicht aufgehalten wird und Länder wie Griechenland, Portugal und Spanien aus der Währungsunion ausscheiden müssen, dann bleibt die EZB auf Hunderten Milliarden Forderungen an die Bankensysteme dieser Länder sitzen.

Ihre Kredite an die Banken würden sicherer, wenn sie auf Sicherheiten im Einzelfall verzichten würde und dafür mit Vorgaben an die Banken das Koordinationsproblem lösen würde, das die Wirtschaft in der Abwärtsspirale hält. Wenn alle Banken Unternehmenskredite und Konsumentenkredite vergeben, dann geht es der Wirtschaft besser, es gibt weniger Grund für Kapitalflucht und weniger Kreditausfälle. Deshalb sollte die EZB allen Banken, die ihre sinnvolle Kreditvergabe in vernünftigen Rahmen ausweiten, die nötige Liquidität bereitstellen. Der Rückzahlungsanspruch der Bank sollte als Sicherheit genügen, und zwar ohne drakonische Abschläge. Aus den gleichen Gründen sollten die Bankenaufseher, die uns mit ihren untauglichen Regeln für die Banken in die Krise geführt haben, dringend darauf verzichten, ausgerechnet in der Krise die Schrauben anzuziehen. Lockerung ist stattdessen angesagt.

Sind die Brandmauern in Wahrheit Brandbeschleuniger?

Die Rettungsschirme EFSF und ESM werden von ihren Verfechtern gern als Brandmauern bezeichnet. Brandmauern dienen dazu, das Übergreifen eines Feuers auf andere Gebäudeabschnitte oder Gebäude zu verhindern.

Seit der Europäische Stabilitätsmechanismus ESM zusätzlich zum ersten Rettungsfonds ESFS einsatzfähig ist, können wir angeblich sicher sein, dass Finanzmarktbrände nicht mehr von Land zu Land überspringen. Dafür mussten Bundestag und Bundesrat am Abend des 29. Juni 2012, dem letzten Sitzungstag vor der Sommerpause, im Schweinsgalopp den ESM durchwinken und das Verfassungsgericht beide Augen zudrücken.

Worauf begründete sich die Zuversicht, dass die riesigen finanziellen Risiken für den deutschen Steuerzahler, die mit dem ESM verbunden sind, zu mehr Sicherheit und weniger Krise führen würden? Die Erfahrung, die wir bis dahin mit den Rettungsfonds gemacht haben, sicher nicht.

Die Kette der Rettungsaktionen des EFSF reicht von Griechenland über Irland und Portugal. Jedes dieser Länder steckt weiterhin in einer tiefen Krise, wobei – abgesehen vielleicht von Irland – keine Wende zum Besseren in Sicht ist. Nach keinem Rettungsprogramm für ein Land reduzierte sich die Ansteckungsgefahr für die anderen schwachen Länder, im Gegenteil. Nachdem Griechenland unter den Rettungsschirm geschlüpft war, wendeten sich die Augen der Marktteilnehmer sofort Irland zu. Als Irland unter dem Schirm war, richtete sich die Spekulation sofort gegen Portugal. Die Anleihekurse der Rettungskandidaten selbst fielen jeweils trotz der Hilfen weiter.

Dazu heißt es von den Verteidigern dieser Politik, der EFSF sei einfach nicht richtig konstruiert gewesen, die effektive »Feuerkraft« nicht groß genug. Mit dem ESM werde das besser.

Die Löcher in dieser Argumentationskette konnte das staunende Publikum besichtigen, als Spanien im Juni 2012 um Hilfe bei der Rettung seiner Banken bat. Damit beugten sich die Spanier dem Druck aus Brüssel, Berlin und Frankfurt. Der Hilfsbetrag wurde großzügig auf 100 Milliarden Euro taxiert, um nur ja nicht den Verdacht aufkommen zu lassen, das Geld könnte doch wieder nicht reichen. Als geldgebende Stelle wurde zunächst der ESM auserkoren. Was passierte? Nach einer sehr kurzen positiven Reaktion verfielen die Kurse spanischer Anleihen und die Kurse italienischer gleich mit. Die Renditen, die diese Regierungen den Anlegern bieten müssen, schossen entsprechend in die Höhe. Bevor Spanien um Hilfe bat, konnten sowohl Spanien als auch Italien sich günstiger am Kapitalmarkt refinanzieren als danach. In keinem einzigen Fall haben die Rettungsschirme bisher wie eine Brandmauer gewirkt. Der Begriff Brandbeschleuniger trifft die Wirkung viel eher.

Der Idee nach hätte europäisches Geld für Spaniens Banken die Krise entschärfen sollen. Wenn das Geld für die Banken von außen kommt, ist der Teufelskreis durchbrochen, der darin besteht, dass marode Banken Geld vom klammen Staat brauchen, dessen Geldnot wiederum die Kurse seiner bei den Banken liegenden Anleihen nach unten treibt. Warum klappt es einfach nicht? Es gibt zwei wichtige Gründe:

Zum einen lernte jeder Investmentstratege die Dynamik und konnte durch Leerverkauf von Anleihen des nächsten Rettungskandidaten darauf spekulieren, dass es wieder so kommen würde wie bei den Rettungsaktionen zuvor. Leerverkauf bedeutet, man leiht sich Anleihen und verkauft sie in der Absicht, sie später billiger zurückzukaufen. Die Märkte sind eng. Schon begrenzte Verkaufsaufträge treiben die Kurse. Wenn eine solche Spekulation einsetzt, erfüllt sie sich selbst. Die Anleihekurse fallen. Anleger, die noch in italienischen Anleihen investiert sind, werden nervös und verkaufen. Die Kurse fallen weiter. Wer darauf spekuliert hat, verdient. Dass die EZB nicht willens war, den Spekulanten durch massive Käufe von Anleihen große Verluste zu bescheren, war bekannt. Sie hielt den Druck von den Anleihemärkten auf die Regierungen für etwas Positives. Selbst wenn die EZB gekauft hat, dann nur so viel, um die Abwärtsbewegung der Kurse abzumildern.

Der zweite Grund, warum die Aussicht auf Hilfen aus dem ESM im Fall Spanien so verheerend auf die Märkte wirkte, ist sein vorrangiger Status als Kreditgeber. Je mehr ein Land oder eine Bank einem vorrangigen Gläubiger schuldet, desto weniger ist im Konkursfall für die normalen Gläubiger zu holen. Das wäre nicht schlimm, wenn die vorrangigen Kredite den Konkursfall deutlich weniger wahrscheinlich werden ließen. Aber dieses Vertrauen fehlt den Investoren ebenso wie den Ratingagenturen, die mit Rating-Herabstufungen reagierten. Aus gutem Grund. Denn Spanien als Land, nicht nur die Regierung, ist zu hoch im Ausland verschuldet. Ein neuer Kredit ändert daran nichts. Er schiebt nur den Tag der Wahrheit hinaus und verlagert die Risiken – hin zum Steuerzahler und weg von den Finanzinstituten, welche die Chance zum Ausstieg nutzen.

Da die Finanzmärkte ablehnend auf ein Rettungsprogramm reagierten, das die Konkurswahrscheinlichkeit nicht senkte, wurde schließlich mit einem Trick dafür gesorgt, dass der ESM keinen bevorrechtigten Status erhielt. Dann erst feierten die Finanzmärkte. Die Konkurswahrscheinlichkeit blieb zwar gleich, aber das Risiko ging auf die europäischen Steuerzahler über.

Wäre ein allgemeiner Schuldenerlass möglich?

Die Finanzkrise ist dadurch entstanden, dass die Banken zu viele Kredite vergeben haben, denen keine neu geschaffenen Werte gegenüberstehen. Ein Musterbeispiel sind die Immobilienkredite in den USA, Irland und Spanien. Sie trieben vor allem die Preise für bestehende Immobilien nach oben. Dadurch entstand ein hohes Maß an Verschuldung, dem keine echten Werte und Einkommen gegenüberstehen. Wer diese Schulden abzahlen muss, kann das Geld nicht für sonstige Ausgaben verwenden. Die Empfänger der Tilgungen im Finanzsektor haben in der Krise anderes zu tun, als es in die Wirtschaft zurückzuführen. Das Geld wird dem Kreislauf entzogen.

Im Vertrauen auf die übersteigerten Immobilienpreise verschuldeten sich Immobilienunternehmen hoch, um neue Wohnungen zu bauen. Deren Wert ist aber viel niedriger, als sie dachten. Sie müssen sich entschulden. Wieder wird Geld dem Kreislauf entzogen. Alle möglichen Unternehmen investierten im Vertrauen auf den vom Immobiliensektor ausgehenden Wirtschaftsboom und nahmen dafür hohe Kredite auf. Jetzt, wo der Immobiliensektor den Rückwärtsgang eingelegt hat, erweisen sich viele dieser Investitionen als nicht werthaltig. Die Schulden aber sind da.

Wenn alle Schulden tilgen wollen, dann klappt das nicht, weil die Nachfrage und damit die Einkommen immer weiter sinken und mit ihr die Fähigkeit Schulden zurückzuzahlen. Wenn Schulden nicht zurückgezahlt werden, geht der Finanzsektor pleite, was wiederum sehr schlecht für die Wirtschaft ist.

Die Strategie der Verantwortlichen bestand bisher allein darin, neues Geld in Umlauf zu bringen und es dem Finanzsektor mehr oder weniger zu schenken, damit er nicht pleitegeht. Das funktioniert leidlich, aber es begünstigt die Hauptschuldigen an der Misere, und es lässt die zu hohen Schulden der Haushalte und Unternehmen bestehen. Damit bleibt der Abwärtsdruck auf die Nachfrage bestehen. Besser wäre es, das neue Geld zur Schuldenstreichung zu verwenden. Das könnte etwa so gehen:

Alle Bürger des Euro-Raums bekommen von der Europäischen Zentralbank einige Tausend Euro Guthaben bei einer Bank ihrer Wahl, die sie, wenn sie Schulden haben, zur Schuldentilgung verwenden können. Wenn sie keine Schulden haben, können sie nur sehr allmählich darauf zugreifen. Jedes Unternehmen bekommt nach Maßgabe etwa der Arbeitsplätze oder der Lohnsumme ebenfalls Geld zur Schuldentilgung. Auf diese Weise wird gewährleistet, dass mit dem neuen Geld tatsächlich Schulden getilgt werden und die Wirtschaft mit einem geringeren Schuldenüberhang wieder wachsen kann. Wenn die Wirtschaft dann wieder wächst, müsste die Zentralbank dafür sorgen, dass die Banken nicht sofort wieder neue Verschuldungsspielräume bei ihren Kunden entdecken und ausnutzen.

Ist der Rettungsschirm ESM eine verkappte Bank?

Immer wieder fordern Politiker, der Europäische Stabilitätsmechanismus (ESM) müsse eine Banklizenz bekommen. Andere warnen, die Finanzfeuerwehr dürfe auf keinen Fall eine solche Lizenz erhalten. Aus alldem kann ein vernunftbegabter Zeitungsleser nur den Schluss ziehen, dass der ESM keine Banklizenz hat. Das ist aber nur formal richtig: Er hat sie nicht, weil er sie nicht braucht. In Artikel 32 (9) des ESM-Vertrags steht klar und deutlich: »Der ESM ist von jeglicher Zulassungs- oder Lizenzierungspflicht ... für Kreditinstitute ... befreit.« Das heißt: Wenn der ESM als Bank agieren will, dann darf er das.

Mit einer Einschränkung allerdings: Die EZB muss mitspielen. Denn um die Privilegien einer Bank wirklich nutzen zu können, muss man als Gegenpartei, gewissermaßen als Kunde der EZB zugelassen sein. Gesellschaftsrechtlich besteht dafür kein Hindernis. Der ESM ist – anders als der Rettungsfonds EFSF – eine internationale Finanzinstitution und als solche eine legitime Gegenpartei für die EZB.

Der EZB-Rat kann allerdings entscheiden, den ESM – wie jede andere Bank übrigens – von der Liste der Geschäftspartner auszuschließen. Es gibt einen Beschluss des EZB-Rats, dass man dem ESM keine Kredite geben werde, weil man darin eine verdeckte Staatsfinanzierung sähe.

Worum geht es beim Bankprivileg und der verdeckten Staatsfinanzierung? Eine Bank kann Geld, das sie herausgibt, selbst schaffen. Wenn der ESM als Bank einen Kredit von 100 Milliarden Euro an die spanische Regierung vergäbe, dann müsste er das Geld nicht von den Regierungen einsammeln, um es nach Madrid zu überweisen. Stattdessen könnte er der Regierung in Madrid einfach 100 Milliarden Euro auf einem ESM-Bankkonto gutschreiben und so neues Geld schaffen. Dafür müsste der ESM lediglich die Mindestreserveverpflichtung von einem Prozent bei der EZB erfüllen, also eine Milliarde Euro bei der EZB hinterlegen.

Wenn die spanische Regierung dann über das Geld verfügen will, und es auf ein anderes Bankkonto überweist, braucht der ESM liquide Mittel, um die Überweisung tätigen zu können. Die Milliarde auf dem EZB-Konto des ESM reicht ja nicht aus. (Zwischen Banken wird immer Zentralbankgeld auf Notenbankkonten überwiesen.) Aber für den ESM wäre es kein Problem, das Geld auf dem Geldmarkt bei anderen Banken zu leihen. All das wäre »normales« Bankgeschäft, ohne jedes Mitspracherecht nationaler Parlamente, und fast ohne Grenze nach oben.

Die Frage nach der Banklizenz ist jedenfalls Spiegelfechterei. Der ESM braucht keine Lizenz, um als Bank zu agieren, lediglich das Plazet der EZB.

Fällen die Ratingagenturen politische Urteile?

Die mächtige Ratingagentur Moody's hat Ende Juli 2012 den Ausblick für die Kreditwürdigkeit Deutschlands gesenkt. Sie fasste also öffentlich eine Herabstufung ins Auge. Damit stellt die Agentur Deutschland auf die gleiche Stufe wie die USA, die bei Moody's ebenfalls die Bestnote mit negativem Ausblick genießen. Dort ist die Staatsverschuldung 2011 von 99 auf 105 Prozent des Bruttoinlandsprodukts (BIP) gestiegen. In Deutschland ist sie von 83 auf 81 Prozent gefallen. Das US-Haushaltsdefizit betrug 2011 zehn Prozent des BIP, nach elf Prozent im Vorjahr. In Deutschland dagegen beträgt das Haushaltsdefizit ein Prozent des BIP.

Der Vergleich macht deutlich, wie willkürlich Ratingentscheidungen sind. Denn es gibt keinen objektiven Maßstab für die Kreditwürdigkeit. Fast alle Länder sind relativ hoch verschuldet und darauf angewiesen, auslaufende Anleihen durch Ausgabe neuer Anleihen zu tilgen. Wenn die Anleger aus gutem oder schlechtem Grund einem Land die Refinanzierung seiner Schulden zu vernünftigen Konditionen verweigern, dann steigt dessen Zinslast, und die Kreditwürdigkeit sinkt – eine sich selbst erfüllende Prognose. Deshalb haben die Ratingagenturen bei den Euro-Krisenländern regelmäßig das Rating gesenkt, wenn die Anleger höhere Renditen forderten.

In Deutschland und den USA ist es umgekehrt. Hierhin fließt das Kapital, das die Anleiheinvestoren den Krisenländern verweigern. Für beide Regierungen ist Schuldenmachen ein gutes Geschäft, weil die zu zahlenden Zinsen deutlich unter der Inflationsrate liegen. Dadurch verbessert sich die Finanzlage beträchtlich, und die Kreditwürdigkeit steigt. Ohne diesen Effekt müsste das Rating der USA schon längst auf dem Niveau von Spanien sein.

Die Ratingwarnung an Deutschland begründet Moody's damit, dass die Regierung sich mit den Euro-Rettungsprogrammen hohe Risiken aufgeladen hat, die schlagend werden, wenn die Krisenländer pleitegehen. Die Finanzmärkte sehen diese Möglichkeit natürlich auch, betrachten sie aber für die Kreditwürdigkeit Deutschlands als wenig relevant. Zu Recht!

Was würde passieren, wenn Griechenland und Spanien pleitegingen und in der Folge vielleicht sogar die Währungsunion zerbräche? Deutschland müsste vermutlich dreistellige Milliardenverluste aufgrund von Kreditausfällen verkraften. Die Schuldenquote würde auf das Niveau steigen, das die USA schon erreicht haben. Aber Deutschland und seine neue Währung wären noch mehr als jetzt schon das Ziel von Fluchtkapital.

Um eine massive Währungsaufwertung zu verhindern, könnte und müsste die Bundesbank massiv Geld drucken, so wie es die Schweizer vormachen. In nur zwei Monaten haben diese ihre Devisenreserven um über 60 Milliarden Franken erhöht, bezahlt mit neu gedrucktem Geld. In Deutschland wären die Summen noch viel höher. Ein Land, das auf diese Weise kostenlos riesige Währungsreserven anhäufen kann, geht nicht pleite. Das wissen die Anleihemärkte. Moody‘s hat sich entschieden, dies zu ignorieren.

Die drei wichtigen Agenturen sitzen in New York und sind vom Wohlwollen Washingtons abhängig. Als der Kongress mit den Ratings der US-Bundesstaaten unzufrieden war und ein Gesetz androhte, kuschten die Agenturen und änderten ihre Methodik; mit dem Ergebnis, dass die Ratings besser wurden. Man darf davon ausgehen, dass die Agenturen keine Ratings herausgeben, die maßgeblichen Stellen in Washington ein Dorn im Auge wären.

Wenn man die Ratingwarnung an Deutschland politisch interpretieren wollte, was würde sie sagen? Sie schwächte die Position der Bundesbank, mit der die US-Regierung zunehmend unzufrieden ist. Die Frankfurter beharren darauf, dass neues Geld der Zentralbanken möglichst wenig und die Regierungen möglichst viel zur Krisenlösung beitragen. Dabei soll jedes Land finanziell voll eigenverantwortlich bleiben, solange Europa kein Bundesstaat ist.

Das führt dazu, dass das Konkursrisiko für Krisenländer und die von Moody‘s aufgespießte Ausfallwahrscheinlichkeit für die Kreditgeber hoch bleiben. Auch diese Strategie bedroht das deutsche Rating, so die Botschaft von Moody‘s. Damit wird ein wichtiges Argument gegen gemeinsame Schuldenaufnahme über Euro-Bonds oder andere Formen der Schuldengemeinschaft geschwächt. Denn dagegen wird hierzulande vorgebracht, dass sie die deutsche Kreditwürdigkeit auf europäischen Durchschnitt senken würde.

Deutschland: Export-Europameister und Zahlmeister Europas

Hält die Europäische Zentralbank den deutschen Export am Leben?

Wenn es nach der Bundesbank ginge, würde im deutschen Außenhandel alles bleiben wie es ist. Deutschland würde weiterhin kräftig in die übrige Währungsunion exportieren. Gleichzeitig würde den Abnehmerländern der Kredithahn von der Europäischen Zentralbank (EZB) zugedreht. Wasch mich, aber mach mich nicht nass?

Wie die Bundesbank in ihrem Monatsbericht März 2012 ausführte, steht dem Überschuss in der Leistungsbilanz Deutschlands von etwa 150 Milliarden Euro kaum noch privater Netto-Kapitalexport gegenüber. Ein Leistungsbilanzüberschuss bedeutet, dass ein Land mehr durch Exporte von Waren und Dienstleistungen und sonstige Zuflüsse aus dem Ausland einnimmt, als es für Importe und sonstige Zahlungen ans Ausland ausgibt. In Höhe des Überschusses muss Deutschland dem Ausland Kredit geben, sonst funktioniert es nicht. Das nennt man dann in der Ökonomensprache Nettokapitalexport. Weil die privaten Banken das nicht mehr tun, tut es die Bundesbank über die EZB. Der positive Target-2-Saldo der Bundesbank deckt inzwischen fast den ganzen deutschen Leistungsbilanzüberschuss ab.

Was steht hinter diesem Saldo? Wenn es keine Währungsunion gäbe, müssten die Leistungsbilanzsalden der Defizitländer mangels Kredit sofort und krisenhaft auf null gehen oder gar negativ werden. Doch die Defizitländer bekommen den nötigen Kredit von der EZB. Sie gibt deren Banken unbegrenzt Kredit zum Leitzins. Damit der Kredit nicht durch fehlende Sicherheiten begrenzt wird, hat die EZB die Anforderungen – gegen den Protest der Bundesbank – gesenkt. Den Zentralbankkredit nutzen die Banken der Defizitländer, um heimischen Unternehmen und dem Staat Kredit zu geben, damit diese Lieferungen aus Deutschland bezahlen können. Die internationalen Finanzströme von Zentralbankgeld, die so entstehen, werden im Target-2-Saldo erfasst.

Wenn durch höhere Anforderungen an die Sicherheiten die Kreditvergabe und damit der Target-Saldo eingeschränkt würden, könnten die Banken der Defizitländer den Geldfluss nach Deutschland nicht mehr gewährleisten. Deutschlands Exporteuren stünden sehr schwere Zeiten bevor.

Tut Minister Schäuble Buße für den 2. Weltkrieg?

Thilo Sarrazin schreibt in seinem Buch gegen den Euro, die Befürworter von Euro-Bonds in der SPD, bei den Grünen und den Linken seien »getrieben von jenem sehr deutschen Reflex, wonach die Buße für Holocaust und Weltkrieg erst endgültig getan ist, wenn wir alle unsere Belange, auch unser Geld, in europäische Hände gelegt haben«. Bundesfinanzminister Wolfgang Schäuble nannte das umgehend einen »himmelschreienden Blödsinn« und »verachtenswertes Kalkül«.

Tatsächlich kann sich Minister Schäuble angesprochen fühlen, hat er doch im November 2011 auf dem Europäischen Bankenkongress in Frankfurt sein Eintreten für die Fiskalunion mit einem verwandten Gedankengang unterfüttert. Nicht nur prognostizierte er, dass innerhalb von 24 Monaten die Grundzüge einer europäischen Fiskalunion geschaffen würden. Er sagte auch, das Regelungsmonopol des Nationalstaats sei seit dem Zweiten Weltkrieg in Europa ad absurdum geführt worden. Er setzte hinzu: »Wir in Deutschland sind seit dem 8. Mai 1945 zu keinem Zeitpunkt mehr voll souverän gewesen. Das wusste übrigens das Grundgesetz, da steht schon in der Präambel von 1949 das Ziel, als gleichberechtigtes Mitglied in einem vereinten Europa dem Frieden der Welt zu dienen.« Das klingt nicht viel anders als das, was Sarrazin den Linken vorwirft – nur dass es nicht direkt um Buße geht, sondern um den Verlust nationaler Souveränität aufgrund eines verlorenen Krieges.

Was Schäuble gesagt hat, klingt so, als wäre für das nichtsouveräne Deutschland das Aufgehen in einem geeinten Europa ein Souveränitätsgewinn, nicht ein Verlust.

Sonst sind es meist nur Rechtsnationale, die offen an der deutschen Souveränität zweifeln. Sie betonen, dass Deutschland keinen Friedensvertrag habe und die Deutschen die in Artikel 146 des Grundgesetzes avisierte »Verfassung, die von dem deutschen Volke in freier Entscheidung beschlossen worden ist«, nicht bekommen hätten. Sie schließen daraus gern allgemein, dass die früheren Besatzungsmächte latent weiter in Deutschland Hoheitsrechte haben, und im Besonderen, dass die deutsche Europapolitik nicht wirklich deutschen Interessen dient.

Die offizielle Lesart dagegen ist, dass Deutschland mit dem sogenannten Zwei-plus-Vier-Vertrag von 1990 einen gleichwertigen Ersatz für einen Friedensvertrag bekommen hat. »Das vereinte Deutschland hat demgemäß volle Souveränität über seine inneren und äußeren Angelegenheiten«, heißt es in Artikel 7 (2) dieses Vertrags. Allerdings wurde auch vor dem Zwei-plus-Vier-Vertrag so getan als wäre Deutschland ein souveräner Staat. Und wie bringen wir Deutschlands angebliche jetzige volle Souveränität mit Schäubles gegenteiliger Aussage zusammen?

Wird Deutschland bald der Zahlmeister einer Europa-Regierung sein?

Wenn dem Bundestag ein Vertrag zur Schaffung einer europäischen Wirtschaftsregierung unter Rückgriff auf den deutschen Steuerzahler zur Ratifizierung vorgelegt worden wäre, hätte ihn jeder gelesen und ein Aufschrei wäre durch die Nation gegangen. Weil es aber nur um einen Vertrag zur Gründung eines ESM geht, las ihn nur eine kleine Minderheit und der Aufschrei blieb aus. Dabei wird das Ergebnis dasselbe sein. ESM steht für Europäischer Stabilitätsmechanismus. Er soll europäischen Ländern in

Finanzschwierigkeiten mit Krediten aushelfen. Er hat ein genehmigtes Kapital von 700 Milliarden Euro, für das Deutschland mit seiner Quote von 27 Prozent oder 190 Milliarden Euro haftet. Ohne die Klagen vor dem Bundesverfassungsgericht ginge die Haftung sogar darüber hinaus. Denn Artikel 25 des ESM-Vertrags verpflichtet Deutschland, im Verlustfall Kapitaleinzahlungen von Ländern zu übernehmen, die ihren Anteil am genehmigten nicht eingezahlten Kapital nicht einzahlen. Das Verfassungsgericht verpflichtete die Bundesregierung klarzustellen, dass bei 190 Milliarden Euro Schluss ist.

Außerdem kann der Gouverneursrat des ESM – der sich aus Vertretern der beteiligten Länder zusammensetzt – jederzeit eine Erhöhung des ESM-Kapitals beschließen. Dazu gibt es zwar eine Vorschrift, die so klingt, als müssten die nationalen Parlamente das ratifizieren. Tatsächlich ist aber nur gefordert, dass der jeweilige ESM-Gouverneur eines Landes dem ESM sagt, das »nationale Verfahren« sei abgeschlossen. Dass die Vertragsgestalter das (hier vermiedene) Wort Ratifizierung durchaus kennen und benutzen, zeigt sich an anderer Stelle im Vertrag. Tatsächlich ist aufgrund des Wortlauts eine Ratifizierung nicht nötig, damit die Kapitalerhöhung gilt. Wenn der deutsche Vertreter, dem der Vertrag ausdrücklich Immunität zubilligt, dem ESM sagt, Deutschland stimme zu, dann reicht das. Wenn ein Gericht nachträglich feststellen sollte, dass diese Ansage ungesetzlich war, ändert das nichts mehr.

Laut dem ESM-Finanzierungsgesetz ist der deutsche Vertreter im ESM-Gouverneursrat in den wichtigsten Fragen an ein Votum des Bundestags oder des Haushaltsausschusses gebunden. Das betrifft unter anderem Kapitalerhöhungen, die Schaffung neuer Instrumente und neue Hilfszusagen des ESM. Da Deutschland im Gouverneursrat de facto ein Vetorecht hat, ist dieses Mitspracherecht von großer Bedeutung.

Aber wenn es einmal soweit ist, dass Deutschland über den ESM mit mehreren hundert Milliarden Euro in Haftung ist, müssen die Parlamentarier erst noch geboren werden, die die Zustimmung zu einer Aufstockung verweigern und damit die gegebenen Garantien schlagend werden lassen.

Zwar ist vorgesehen, dass der Bundestag zustimmen muss, bevor der ESM mit deutschem Plazet eine Hilfszusage machen kann. Wenn aber die einzelnen Raten dieser Hilfen ausgezahlt werden, muss der deutsche ESM-Vertreter nur die Stellungnahme des Haushaltsausschusses »berücksichtigen«. In der Praxis ist aber keineswegs immer die Auszahlung der Raten die weniger gravierende Entscheidung. Das Papier, auf dem die Bedingungen für die Hilfszusagen stehen und das dem Parlament vorgelegt wird, ist geduldig. Wichtiger ist oft die Frage: Wurden die Bedingungen eingehalten, sodass die nächste Rate ausgezahlt werden kann? Die minimalistischen Berichtspflichten des ESM, anders ausgedrückt: sein Recht, fast alles im Geheimen zu tun, macht es den Parlamenten nicht leichter, ihr Mitwirkungsrecht effektiv wahrzunehmen.

Warum sind nur Familienunternehmer rettungsmüde?

Die Familienunternehmer haben sich frühzeitig und konsequent als erbitterte Gegner der Regierungspolitik zur Bewältigung der Euro-Krise positioniert. Sie waren dagegen, dass Deutschland mit Krediten und Garantien von Hunderten Milliarden Euro für andere Länder der Währungsunion Risiken übernahm.

Die Großindustrie stützte dagegen ebenso wie die großen Banken den Kurs der Regierung. Der BDI trat für »Vollendung der politischen Union Europas« ein und sah »heute und zukünftig notwendige Stabilisierungs- und Reparaturmaßnahmen als Zukunftsinvestitionen in die politische Einigung Europas«.

Wo die Familienunternehmer sich um die Entmachtung der Parlamente sorgen, geht diese dem BDI nicht weit genug. Er wollte die Rettungsfonds EFSF und ESM politisch unabhängig machen. Die nach BDI-Vorstellungen zu deren Leitung ausgesuchten »unpolitischen« Experten sollten den Hilfsempfängern »strikte wirtschaftspolitische Auflagen machen«. Das Geld der deutschen Steuerzahler sollte also von nicht gewählten Experten, die niemandem Rechenschaft ablegen müssen, gegen Auflagen verteilt werden, die sie sich selbst ausdenken dürfen.

Woher kommt diese Spaltung der deutschen Wirtschaft?

Die Familienunternehmer sind meist stark vom heimischen Markt abhängig. Sie haben ihr Vermögen in Deutschland. Mit diesem und mit den Gewinnen ihrer Unternehmen, die Steuern in Deutschland zahlen, haften sie für die Kosten der Rettungspolitik und der politischen Union.

Die Aktien der großen deutschen Industrieunternehmen sind dagegen zum Großteil im Besitz ausländischer Investoren, die Kosten für deutsche Steuerzahler nicht fürchten. Unternehmen wie Volkswagen, Daimler oder BASF verkaufen weltweit und produzieren auch in den USA, Lateinamerika, Asien und Osteuropa. Ihre Steuern zahlen sie nur zum Teil in Deutschland. Wenn die Steuern steigen sollten, können sie ausweichen.

Die deutsche Wirtschaft kann nicht darauf hoffen, ihren riesigen Exportüberschuss aufrechtzuerhalten, wenn dem übrigen Europa das Geld fehlt, die deutschen Waren abzunehmen, oder wenn gar der Euro zerbricht. Eine richtige Fiskalunion bedeutet, dass Handelsdefizite auch langfristig nicht mehr ausgeglichen werden müssen, weil das Geld, welches manche Regionen dauerhaft zu wenig verdienen, über Transfers von denen kommt, die erfolgreicher sind. Wer diese Transfers nicht finanzieren muss, findet das prima. Es ist also kein Wunder, dass die deutsche Großindustrie die Familienunternehmen in ihrer Gegnerschaft zur Rettungspolitik nicht unterstützt.

Hat Angela Merkel in Brüssel dem Ende des Nationalstaats zugestimmt?

Als Bundestag und Bundesrat Ende Juni 2012 am letzten Sitzungstag vor der Sommerpause, zusammenkamen, um den neuen europäischen Rettungsfonds ESM und den Schuldentilgungspakt im Schnellverfahren zu beschließen, da hatten sich die Befürchtungen der Kritiker schon bewahrheitet. Während die Abgeordneten noch über den ursprünglichen ESM-Vertrag abstimmten, hatten Angela Merkel und die anderen Regierungschefs in der Nacht zuvor in Brüssel dieser Institution bereits eine neue Qualität gegeben.

Anders als ursprünglich vorgesehen, soll der ESM die Kompetenz bekommen, direkt die italienischen oder spanischen Banken zu sanieren, ohne dass das Geld über den spanischen oder italienischen Haushalt geleitet würde. Euro-Bonds sind harmlos dagegen. Bei Euro-Bonds haften alle beteiligten Länder gemeinsam für die Schuldenaufnahme etwa des italienischen Staats. Der italienische Staat spart dadurch viel Geld aufgrund einer niedrigeren Zinsbelastung. Er bleibt aber für den Schuldendienst verantwortlich und die Schuld wird ihm zugerechnet. Ganz anders bei den ESM-Hilfen für Banken, die – wie man in Spanien schon gesehen hat – leicht in die dreistelligen Milliardenbeträge gehen können. Weil sie nicht über den Staat geleitet werden, wird die Schuld nicht dem Staat zugerechnet, dessen Banken saniert werden. Es sind allein die Banken, die über Dividenden, Schuldzinsen oder Gebühren für den ESM die Rückzahlung der Mittel an die Staatengemeinschaft stemmen sollen. In aller Regel sind keine nennenswerten Rückflüsse zu erwarten, weil die Banken de fakto pleite sind und nur gerettet werden, damit Banken in anderen Ländern keine Verluste erleiden und damit sie die Wirtschaft nicht mit in den Abgrund reißen. Die Staaten müssen also im Endeffekt hunderte Milliarden Euro an Kredit aufnehmen, um über den ESM Lasten zu tragen, die bisher Lasten der Staaten waren. Das ist Schuldenvergemeinschaftung wie sie im Buche steht.

Das soll uns dadurch erträglich gemacht werden, dass es erst stattfinden darf, wenn es einen europäischen Bankaufseher mit Durchgriffsrechten auf die nationalen Banken gibt. Doch ein solcher europäischer Bankaufseher kann rückwirkend nichts mehr daran ändern, dass die europäischen Banken hunderte Milliarden Euro brauchen, um nicht Pleite zu gehen. Er kann auch nicht für die Rückzahlung der Mittel sorgen, wenn die Banken das Geld einfach nicht aufbringen können.

Schlimmer noch: Vorgesehen ist, dass die EZB die Verantwortung für die Bankenaufsicht übernimmt. Die EZB ist die Institution, die die Banken so großzügig mit der Liquidität ausgestattet hat, die sie brauchten, um ihr viel zu großes Rad zu drehen. Sie ist auch die Institution, die so sehr wie keine andere die Augen zukneifen musste, um das nicht zu sehen. Sie ist noch dazu völlig unabhängig von der Politik, also vom Willen der Bevölkerung. Sie soll also künftig Entscheidungen treffen dürfen, die bewirken, dass die europäischen Steuerzahler hunderte Milliarden mehr oder weniger zur Bankensanierung ausgeben müssen, ohne dass sie gefragt werden oder die Verantwortlichen jemals zur Rechenschaft ziehen könnten.

Was bleibt den gewählten Regierungen. Sie können sparen, um den Schuldentilgungspakt einzuhalten, und noch mehr sparen, um ihn trotz der Rettungsmilliarden, die sie über den ESM aufbringen müssen, einzuhalten. Die Lebensadern einer modernen Geldwirtschaft, der Geldkreislauf, ist ihrem Einfluss gänzlich entzogen. Der Chefvolkswirt von Morgan Stanley schrieb nach dem denkwürdigen Euro-Gipfel, es habe keine Verlierer in Brüssel gegeben, nur Gewinner. Das stimmt für die großen Banken. Die Aktien der italienischen Großbank Unicredit stiegen am nächsten Tag um knapp 14 Prozent, die von Intesa Sanpaolo um fast neun Prozent, Deutsche Bank und Commerzbank um sechs Prozent.

Künftig werden die europäischen Staaten ihre Ausgaben Jahr für Jahr senken müssen, um den Schuldentilgungspakt einzuhalten und das Geld für die anstehenden teuren Bankenrettungen durch den gemeinsam finanzierten Rettungsfonds ESM aufzubringen. Eine eigene Währung haben sie ohnehin nicht mehr. Wie viel Kredit ihre Banken der Wirtschaft geben können, bestimmen die Europäische Zentralbank als oberster Bankaufseher oder der ESM. Die wirtschaftspolitischen Möglichkeiten der Nationalstaaten tendieren in einem solchen System gegen Null. Sie sind ganz gut mit denen von Bundesländern im deutschen Föderalstaat zu vergleichen, könnten aber im Lauf der Zeit deutlich dahinter zurückfallen.

Die Regierungen dürfen dann noch entscheiden, wie genau sie ihre schrumpfenden Etats für Bildung, Soziales, Militär und Infrastruktur ausgeben wollen. In der Lohnpolitik gibt es, um im Wettbewerb bestehen zu können nur noch den amerikanischen Weg einer immer weiter gehenden Liberalisierung.

Das ist durchaus nicht weit hergeholt und auch nichts, was sich zufällig so entwickeln wird. In den Reformprogrammen, die die künftigen europäischen Regenten, EU-Kommission und Europäische Zentralbank, zusammen mit dem Internationalen Währungsfonds den Krisenländern in die Feder diktiert haben, steht genau das als Ziel. Der Staat soll schlanker werden, Sozialleistungen abbauen, sich aus der Wirtschaft zurückziehen und weniger Einfluss auf die Wirtschaft haben. Die Wirtschaft soll sich selber regulieren dürfen, wobei aber der Einfluss der Gewerkschaften zu beschneiden ist. Man kann das gut oder schlecht finden. Aber es ist eine so grundlegende Umorientierung, dass es in einer Demokratie durchaus angemessen wäre, die Bürger entscheiden zu lassen, ob sie das wollen. Aber natürlich passiert das nicht, weil klar ist, was das Ergebnis wäre. Wenn man dem Wählerwillen gefolgt wäre, hätte es schon den ersten Schritt auf diesem Weg nicht gegeben, den Euro. Er hat die Handlungszwänge geschaffen, denen sich unsere Parlamentarier heute ein ums andere Mal ergeben.

Es sind die Vereinigten Staaten von Europa, die den maßgeblichen Stellen offensichtlich vorschweben, modelliert nach dem Modell der Vereinigten Staaten von Amerika, nur mit noch viel schwächeren demokratischen Institutionen. Schließlich sind weder die EU-Kommission noch die Europäische Zentralbank dem europäischen Wähler verantwortlich, der Internationale Währungsfonds erst recht nicht. Die Wähler können zwar auf Staatenebene ihre Regierungen wählen oder abwählen. Weil die wesentlichen Entscheidungen hier aber gar nicht mehr getroffen werden, spielt das keine große Rolle.

Warum hält nur Sarah Wagenknecht zu Hans-Werner Sinn?

Wie so oft berühren sich in Sachen Euro-Rettung die Extreme. Rechter Nationalegoismus und linker Internationalismus marschieren gemeinsam gegen die immer größer und teurer werdenden Rettungspakete. Der konservative Ökonom Hans-Werner Sinn und andere konservative Ökonomen (sie selbst würden sagen Ordoliberale) geißeln den Transfer deutschen Geldes in den Süden und die Tatsache, dass Deutschland zugunsten des Südens hohe finanzielle Risiken eingeht. Die Linken-Vizechefin Sarah Wagenknecht gehört zu den ganz wenigen Prominenten aus Politik, Medien oder Wirtschaft, die Sinn zustimmen und ihn gegen eine Breitseite der Verdammung in Schutz nehmen.

Woran liegt diese verstörende Einigkeit von links und rechts? Der gemeinsame Nenner, der Kern ihrer Kritik, geht in der erhitzten Debatte völlig unter, obwohl Sinn wie Wagenknecht ihn offen ansprechen. Er hat nichts mit links oder rechts und kaum etwas mit nationalem Egoismus versus internationale Solidarität zu tun. Der gemeinsame Nenner besteht darin, dass beide die Dominanz der Interessen des Finanzkapitals bei fast allen Maßnahmen der Krisenbewältigung anprangern. Das ist auch genau der Aspekt, der von Sinns Kritikern völlig ignoriert wird. Wagenknecht gilt ohnehin nicht als satisfaktionsfähig.

Um ihre Kritik zu untermauern, können Sinn und Wagenknecht darauf verweisen, dass trotz Hunderten von Milliarden an Kosten und Risiken, die Deutschland auf sich genommen hat, die Krise Jahr für Jahr schlimmer wird, dass von dem eingesetzten Steuergeld, sehr, sehr wenig den Finanzsektor verlässt, dass zwar den Menschen in den Krisenländern extreme Härten zugemutet werden, dass aber das Spitzenpersonal der großen internationalen Finanzhäuser schon wieder höhere Gehalts- und Bonuszahlungen bekommt als vor der Krise und die Gläubiger der Banken schadlos gehalten und deren Aktionäre so weit wie möglich geschont wurden.

Doch trotz dieser eklatanten Befunde und trotz des offensichtlichen Misserfolgs der bisherigen Krisenstrategie sind sich die Regierung und die etablierten Oppositionsparteien völlig einig, auf dem eingeschlagenen Weg forsch voranzuschreiten. Dass sehr große Teile der deutschen Bevölkerung – wenn nicht die Mehrheit – diesen Kurs ablehnt, spielt dabei keine Rolle. Nur der rechte Rand der Regierungsparteien und ein paar politische Außenseiter gehen in Opposition. Andere machen sich – wie Sinn – durch Opposition für das politische Establishment zu Außenseitern. Selbst die Piraten-Partei, angeblich eine Protestpartei, von der man annehmen sollte, dass sie sich vom Establishment ignorierte Bevölkerungswünsche zu eigen macht, hält sich seltsam bedeckt.

Zwar formulieren ihre Ausschüsse rettungskritische Statements. Aber die Spitze der Bundespartei kocht das auf betont kleiner Flamme. In Anbetracht der Bataillone, die gegen Hans-Werner Sinn aufgefahren werden, eine kluge Strategie.

Hans-Werner Sinn hat Respekt dafür verdient, dass es ihm gelungen ist, das Schweigekartell zu durchbrechen.

Griechen und andere Sorgenkinder

Stimmt es, dass sinkende Löhne in den Krisenländern deren Wettbewerbsfähigkeit steigern?

Die Löhne in den Krisenländern Portugal, Spanien, Italien und Griechenland sinken deutlich, zumindest wenn man den Kaufkraftverlust berücksichtigt. Nach der ökonomischen Theorie, die der in Europa verfolgten Krisenlösungsstrategie zugrunde liegt, ist das schon der halbe Weg zum Erfolg – wenn die Lohnsenkungen auch manchen noch nicht weit genug gehen.

Wenn die Löhne sinken, können die Unternehmen billiger anbieten und sich so besser auf den Exportmärkten und gegenüber Importen durchsetzen. Sie exportieren mehr und es wird weniger importiert. Das Land verdient netto mehr Geld aus dem Ausland und kann seine Auslandsschulden abbauen. Es wird dadurch kreditwürdiger und kommt in den Genuss niedrigerer Zinsen. Es entstehen mehr Arbeitsplätze. Falls und soweit die Unternehmen die Preise nicht senken, machen sie höhere Gewinne, die sie zu höheren Investitionen anreizen. Das steigert ebenfalls die heimische Produktion.

So lautet die gängige ökonomische Theorie.

Die Volkswirte der französischen Investmentbank Natixis haben die Daten der Südländer analysiert, um festzustellen, was tatsächlich passiert. Die Löhne sinken zwar, aber die Preise steigen weiter, und zwar die Preise im Export ebenso wie die von Gütern und Diensten für den heimischen Markt. Anstatt die Preise zu senken, erhöhen die Unternehmen die einbehaltenen Gewinne.

Sie nutzen das zusätzliche Geld in ihren Kassen aber nicht etwa, wie in der Theorie vorgesehen, um mehr zu investieren, sondern um Kredite zurückzuzahlen und durch Eigenmittel zu ersetzen.

Warum sieht die Realität so anders aus, als die ökonomische Theorie annimmt? Die ebenso einfache wie deprimierende Antwort: Weil die Theorie nichts taugt. In der vorherrschenden volkswirtschaftlichen Theorie gibt es keinen Finanzsektor. Der Verschuldungsgrad spielt keine Rolle, Finanzkrisen gibt es nicht, die Zinsen richten sich vor allem nach der Konjunkturlage. Alles offensichtlich blühender Unsinn.

In Deutschland und anderen Gläubigerländern wird die Theorie dennoch gern verbreitet und geglaubt, in Schuldnerländern eher nicht? Das ist kein Zufall, weil die Resultate im Sinne der Finanzbranche der Gläubigerländer sind. Denn das Geld, das durch Lohnsenkungen frei wird, wird in der Realität für die Rückzahlung von Krediten verwendet, deren Bedienung sonst fragwürdig wäre.

Soll Griechenland vielleicht gar nicht saniert werden?

Die Absichtserklärung der griechischen Regierung vom Februar 2012, diktiert von der Troika aus EU-Kommission, Europäischer Zentralbank und Internationalem Währungsfond, erweckt bei genauem Lesen den Eindruck, dass es gar nicht wirklich um die Rettung der Wirtschaft und die Sanierung der Staatsfinanzen geht. Interessant ist vor allem, was darin nicht, beziehungsweise nur extrem kurz erwähnt wird. Denn die ausgelassenen Dinge sind meist die, die besonders einflussreichen Gruppen besonders wichtig sind. Jede Ausgabenkategorie im Sozialetat und jede Regulierung des Arbeitsmarktes wird in dem Text ausführlich darauf abgeklopft, ob sie größer beziehungsweise rigider ist als im europäischen Durchschnitt. Wenn das bejaht wird, so folgt daraus, dass die entsprechenden Sozialleistungen abzubauen, Mindestlöhne zu senken, Gewerkschaftsrechte zu beschneiden, der Kündigungsschutz zu lockern und Staatsbedienstete zu entlassen sind. So soll langfristig wieder Wirtschaftswachstum erzeugt werden, das es Griechenland ermöglicht, seine hohen Schulden zu bedienen.

Ein wichtiger Posten taucht in dem über 30-seitigen Dokument nur mit wenigen kurzen Sätzen auf. Der Militärhaushalt ist um 300 Millionen Euro zu beschneiden. Das ist knapp ein Drittel der vorgesehenen Kürzung bei den Ausgaben für Medikamente. Der Mitteleinsatz ist zu rationalisieren, aber die Verteidigungsfähigkeit des Landes darf nicht beeinträchtigt werden. Ende der Durchsage.

Diese Knappheit ist erstaunlich, wenn man bedenkt, dass der seit vielen Jahrzehnten aufgeblähte und extrem intransparent ausgegebene Verteidigungshaushalt einer der Hauptgründe für die desolate Finanzlage Athens ist. Gäbe Griechenland relativ zur Wirtschaftskraft nur ähnlich viel für sein Militär aus wie der EU-Durchschnitt, wäre seine Finanzlage heute tragfähig, teure Rettungsprogramme nicht nötig. Die griechische Regierung und die EU-Kommission streiten sich um die tatsächliche Höhe der Ausgaben für Waffensysteme. Schwarzgeld scheint in Massen zu fließen. Ein ehemaliger Verteidigungsminister sitzt im Gefängnis, weil er sich von Ferrostaal hat bestechen lassen. Solche Ausgabenfreudigkeit eines bankrotten Landes und solche Intransparenz wie in Griechenland sollten eigentlich Anlass zu etwas mehr als zwei drei wolkigen Sätzen sein. Aber daran hat scheinbar niemand ein Interesse. Immerhin ist Griechenland der fünftgrößte Waffenimporteur der Welt und bezieht ein Drittel seiner Waffen aus Deutschland. Auch Frankreich liefert eifrig. Größter Lieferant sind die USA.

Vorwand für den aufgeblähten Militärhaushalt ist, dass sich Griechenland vom Nato-Partner Türkei bedroht fühlt. Es wirft kein gutes Licht auf ein Verteidigungsbündnis, wenn es zulässt, dass seine ärmeren Mitglieder sich gegenseitig bedrohen, sodass die wirtschaftsstärksten Länder sie so lange und so ausgiebig mit Rüstungsgütern beliefern können, bis einer von ihnen Bankrott anmelden muss.

Hätte eine stärkere Lohnsenkung in Griechenland eine Währungsabwertung ersetzen können?

Griechenland hat seine Wettbewerbsfähigkeit verloren, weil Inflationsraten und Lohnsteigerungen dort jahrelang deutlich höher waren als im Norden Europas, insbesondere in Deutschland. Ohne Währungsunion hätte eine Abwertung der Drachme das ausgeglichen. Als Gegenleistung für Hilfen wurde von Athen verlangt, die Wettbewerbsfähigkeit des Landes durch »reale« Abwertung wiederherzustellen. Gemeint ist damit eine Lohnsenkung. Dagegen streikten die Gewerkschaften. Gegen eine »normale« Abwertung haben sie kaum je gestreikt. Warum nicht?

Lohnsenkung und Abwertung wirken sehr unterschiedlich. Beide machen zwar die international gehandelten Waren des Landes preislich wettbewerbsfähiger. Der große Unterschied liegt aber in den nicht international gehandelten Waren und Dienstleistungen. Bei einer Abwertung ändert sich für die Arbeitnehmer und für die Konsumenten zunächst einmal nichts. Ein gewisser Verlust an interner Kaufkraft rührt nur daher, dass Importgüter teurer werden, sodass den Menschen etwas weniger Geld bleibt, um es im Inland auszugeben. Dafür werden Importe durch heimische Anbieter verdrängt und die Exportproduktion steigt, was die im Inland erwirtschafteten Einkommen erhöht. Welcher Effekt überwiegt, hängt von der Wirtschaftsstruktur im Allgemeinen und der Exportstruktur im Besonderen ab.

Bei einer allgemeinen Lohnsenkung dagegen haben alle Arbeitnehmer unmittelbar weniger Geld in der Tasche und können weniger ausgeben. Die für den heimischen Markt produzierenden Unternehmen können weniger absetzen. Dieser die Kaufkraft dämpfende Effekt ist in der Regel deutlich stärker als bei einer Abwertung.

So wie die hohen Lohnsteigerungen bei einheitlichem Zins und festen Wechselkursen einen übertriebenen Boom produziert haben, können Lohnsenkungen durch negative Rückkopplungen die Wirtschaftskrise verstärken. Dieser Effekt schlägt umso stärker durch, je geringer das Gewicht von Industrie und Exportsektor ist. In Griechenland sind diese sehr niedrig.

Stimmt es, dass Estland ein Beweis dafür ist, dass Lohnflexibilität Abwertung ersetzen kann?

In Estland wurde die Strategie Lohnverzicht statt Abwertung gewählt, die den Griechen als Lösungsweg angetragen wurde. Das estnische Beispiel ist lehrreich. Nicht erst seit dem Beitritt zum Euro-Raum 2011, sondern schon seit zehn Jahren hat Estland einen festen Wechselkurs zum Euro. Preise, Löhne und Beschäftigung sind sehr flexibel und schwanken mit der Nachfrage in den Hauptabnehmerregionen Euro-Raum und Skandinavien. Das Geschäftsmodell Estlands liegt darin, mit niedrigen Löhnen und Steuern industrielle Fertigung anzuziehen. Entsprechend ist der Industrieanteil an der Wertschöpfung so hoch wie in Deutschland und mehr als doppelt so hoch wie in Griechenland.

Der estnische Mindestlohn von 278 Euro wird in der EU nur von Rumänien, Litauen und Bulgarien unterboten. Um mit Estland und anderen mittelosteuropäischen Ländern als Produktionsstandort für ausgelagerte industrielle Fertigung zu konkurrieren, müsste Griechenland sein Einkommensniveau noch beträchtlich senken.

Während Griechenlands Wirtschaft seit Ausbruch der Staatsschuldenkrise beständig schrumpft, hat Estlands Bevölkerung eine wirtschaftliche Achterbahnfahrt hinter und vielleicht auch vor sich. Die überhitzte Wirtschaft, die einen hohen Einfuhrüberschuss aufwies, ging im Winter 2008/2009 in den freien Fall über. Die Importe halbierten sich innerhalb von drei Monaten beinahe. Das Bruttoinlandsprodukt lag im dritten Quartal 2009 um fast 20 Prozent unter dem Vorjahreswert, die Arbeitslosenquote verfünffachte sich auf knapp 15 Prozent.

Mit einem mäßigen Wachstum 2010 und kräftigem Wachstum 2011 hat die Wirtschaft Estlands erst gut die Hälfte des vorangegangenen Einbruchs aufgeholt. Dabei wird es zunächst bleiben. Für 2012 wird nur noch geringes Wachstum erwartet.

Eine Kehrseite der Niedriglohnstrategie, die auch Griechenland unfreiwillig immer mehr zu spüren bekommt, ist die massive Abwanderung, vor allem der qualifizierteren Kräfte. Seit Beginn der 1990er-Jahre ist die Bevölkerung Estlands von 1,57

Millionen auf 1,34 Millionen gesunken, ein Rückgang von 15 Prozent.

Resümee: Für ein exportorientiertes Land auf dem Einkommensniveau eines Entwicklungslandes war die estnische Strategie hart, aber einigermaßen Erfolg versprechend. Wenn Griechenland auf diese Strategie umschwenken muss, ist das ein tiefer Abstieg.

Kann Argentinien als Vorbild für Griechenland dienen?

Ein Blick auf die Erfahrung Argentiniens, das sich Ende 2001 für bankrott erklärte und kurz danach die langjährige Anbindung des Pesos an den US-Dollar löste, scheint denen Recht zu geben, die sagen, Griechenland wäre mit einer frühen Aufgabe des Euro besser gefahren.

Argentiniens Wirtschaft hatte bis zur Aufgabe des festen Wechselkurses mit dem Dollar unter ähnlichen Problemen gelitten wie heute Griechenland: Das Land war nicht mehr wettbewerbsfähig. Vom Internationalen Währungsfonds konzipierte Sparprogramme und Strukturreformen führten in eine schwere Rezession. Nach der staatlichen Bankrotterklärung und Wechselkursfreigabe schrumpfte die Wirtschaft noch einmal ein Quartal lang kräftig um fünf Prozent.

Danach ging es stark aufwärts: Von 2002 bis 2011 stieg das BIP preisbereinigt um über 90 Prozent. Haupttriebkräfte waren Investitionen und Konsum. Die Tatsache, dass Argentinien Schwierigkeiten hatte, im Ausland Kredit zu bekommen, und kaum Direktinvestitionen aus dem Ausland flossen, tat dem keinen Abbruch. Nach drei Jahren war die Wirtschaftsleistung von 1998 wieder erreicht. Man muss allerdings berücksichtigen, dass die argentinische Regierung die offizielle Inflationsrate massiv nach unten zu manipulieren scheint. Das verzerrt die preisbereinigte Wirtschaftsleistung nach oben. Aber auch wenn man auf anderere Erfolgsmaße blickt, sieht es gut aus. Der Beschäftigungsstand stieg auf einen Rekordwert, die Arbeitslosigkeit fiel auf acht Prozent und der Anteil der Armen ging massiv zurück.

Diesem Beispiel könnte Athen durchaus nacheifern.

Es ist dabei nicht ausgemacht, dass ein früher und radikaler Schuldenschnitt zusammen mit Euro-Austritt und Abwertung besser für Griechenland gewesen wäre als ein Schuldenschnitt allein. Das Land ist kein Industriestaat mehr, sodass eine Abwertung eine massive Erhöhung der Importrechnung und mäßige Exportausweitung bedeutet. Doch diese Wahl hatte Griechenland nicht.

Wenn sich eine Regierung auf nicht kooperative Weise für zahlungsunfähig erklärt, müssen die heimischen Banken, die die Regierungsanleihen halten, Milliardenbeträge abschreiben und sind pleite. Sie können sich dann kein Geld von der Europäischen Zentralbank mehr holen. Die Banken bräuchten viel Geld, um ihr ausgelöschtes Eigenkapital wieder aufzufrischen – Geld, das eine bankrotte Regierung nicht hat. Sie bräuchten daneben sehr hohe liquide Mittel, um die verunsicherten Sparer auszuzahlen, die ihre Euro-Guthaben in bar abheben oder ins Ausland transferieren wollen. Von der EZB bekämen sie dieses Geld nicht. Deshalb würde die Regierung die Banken schließen müssen.

Wenn diese nach ein paar Tagen wieder aufmachten, wären die Guthaben auf Drachmen umgestellt. In Drachmen kann die Bank von Griechenland der Regierung unter die Arme greifen, und diese wiederum kann die Banken dann mit dem nötigen Geld versorgen, sprich: sie rekapitalisieren. Der Drachmen-Wechselkurs müsste so niedrig sein, dass sich Kapitalflucht in großem Stil nicht mehr lohnt. Das alles schafft zwar hohe Inflation, wie in Argentinien, aber das Leben geht immerhin weiter.

Sind die Griechen undankbar?

Griechenlands Wirtschaft war bis Frühjahr 2012 bereits um mehr als 15 Prozent geschrumpft. Ende 2013 werden es wohl realistisch betrachtet 25 Prozent kumulierter Produktionsrückgang sein, etwa so viel wie in der Weltwirtschaftskrise der 1930er-Jahre in Deutschland und den USA. Was in Deutschland weithin als Resultat einer verfehlten, allein auf Sparen ausgerichteten Wirtschaftspolitik von Reichskanzler Heinrich Brüning gesehen wird, passiert Griechenland, während es unter dem sogenannten Rettungsschirm EFSF steht. Das Land steuert auf einen Negativrekord unter den Industrieländern zu, was seine wirtschaftliche Abwärtsspirale angeht.

Es fällt schwer, nach den Erfahrungen, die die Griechen gemacht haben, den Menschen dort klarzumachen, dass es andernfalls noch viel schlimmer gekommen wäre. Ihnen ist auf jeden Fall Anderes versprochen worden. Die Idee war, dass es nach einer harten Sparanstrengung im nächsten Jahr langsam besser wird.

Als der Internationale Währungsfonds im Frühjahr 2010 zusammen mit EU-Kommission und Europäischer Zentralbank das »Sanierungs«-Programm mit den Griechen aushandelte, sagte er noch für das laufende Jahr einen Produktionsrückgang von zwei Prozent voraus. Das wäre weniger als im Vorjahr gewesen. Am Ende waren es 3,5 Prozent. Für 2011 sagte er zunächst eine Schrumpfung um nur noch ein Prozent voraus. Am Ende waren es fast sieben Prozent. Für 2012 lautete die erste Prognose auf ein Prozent Wachstum, inzwischen werden sieben Prozent Schrumpfung erwartet. 2013 soll sich die griechische Wirtschaft laut IWF-Prognose aber endlich stabilisieren. Das scheint – wieder einmal – zunehmend illusorisch.

Es liegt nahe, die Schuld bei den Griechen zu suchen, weil sie das Spar- und Reformprogramm nicht mit ausreichendem Elan umgesetzt haben. Aber so sehr können sie nicht gefehlt haben, haben ihnen doch IWF, EZB und Kommission bis Mitte 2012 vierteljährlich ausreichende Umsetzung bescheinigt. Es muss wohl doch daran liegen, dass allzu rigide Sparpolitik in einer Krise diese nicht löst, sondern verschlimmert.

Betrieben die Griechen-»Retter« Konkursverschleppung?

Seit 25. Juli 2012 nimmt die EZB keine griechischen Anleihen mehr als Sicherheit an. Damit signalisierte sie, dass das griechische Sanierungsprogramm aus der Spur gelaufen ist. Denn Anleihen von Staaten mit einem funktionierenden Programm hat die EZB bisher immer akzeptiert, unabhängig vom Rating der

Anleihen. Ähnliches sagte der Internationale Währungsfonds, dessen Vertreter nach offiziellen Angaben mit Griechenland darüber verhandelt, wie das Programm wieder in die Spur gebracht werden soll.

Das also war das Urteil von zwei der drei Mitglieder der sogenannten Troika. Das dritte Mitglied ist die EU-Kommission. Die Troika handelt die Reformprogramme mit den Krisenländern aus, überwacht deren Umsetzung und entscheidet mit ihrem Urteil über Freigabe oder Einfrieren anstehender Raten der Rettungsprogramme.

Wenn die Schlussfolgerung der Troika ist, dass das Sanierungsprogramm nicht funktioniert, dann wirft das die Frage auf: Warum wurde kurz vorher eine Kredittranche von 12 Milliarden Euro aus dem Hilfsprogramm für Griechenland überwiesen? Diese Tranchen sollen eigentlich nur freigegeben werden, wenn die Troika vorher bestätigt, dass das Programm in der Spur ist. Das Geld ist weg, wenn Griechenland sich bankrott erklärt. Das ist aber zu erwarten, wenn das Sanierungsprogramm nicht funktioniert. Ein klarer Fall von Konkursverschleppung.

Die Motivation war, dass der bereits eingeplante Konkurs und der Euro-Austritt Griechenlands aufgeschoben werden sollen, bis der Rettungsschirm, der Europäische Stabilitätsmechanismus (ESM), einsatzbereit war. Das war eigentlich für Anfang Juli fest eingeplant, weshalb im Mai die öffentlichen Äußerungen von Politikern und Funktionären über einen möglichen Austritt der Griechen aus dem Euro-Raum immer häufiger wurden.

Dann stoppte das Verfassungsgericht den ESM bis September. Plötzlich wurde es still und ohne viel Aufheben wurde den Griechen noch einmal das Geld überwiesen, das sie brauchten, um auslaufende Anleihen zu tilgen. Dann wurden die Medien mit Äußerungen aus Verhandlungskreisen gefüttert, wonach der neue Konkurstermin September sei.

Um die Kooperation der griechischen politischen Elite brauchte man sich keine Sorgen zu machen. Wer Geld hatte, konnte seine Euro mit einer solchen Ansage rechtzeitig außer Landes schaffen, um nach einer massiven Abwertung der neuen griechischen Währung billig in Griechenland auf Einkaufstour zu gehen.

Hätte Spaniens Regierung die Banken »umsonst« sanieren können?

Am 9. Juni 2012 gab die spanische Regierung ihren langen Widerstand auf und kündigte an, Europa um finanzielle Hilfe bei der Sanierung seiner Banken zu bitten. Weil die Zinsen, die Spanien am Kapitalmarkt zahlen musste, so hoch geworden waren, zum Beispiel für zehnjährige Anleihen deutlich über sechs Prozent, konnte sich die Regierung nicht mehr leisten, die Mittel zur Bankensanierung durch Verkauf von Anleihen zu beschaffen.

Das Ergebnis des Hilfeersuchens war verheerend, obwohl es informell umgehend angenommen wurde. Die Renditen, die Spanien bieten musste, stiegen noch weiter. Selbst Italien wurde mit in den Strudel gezogen, weil sofort alle darauf spekulierten, dass Italien das fünfte Land sein würde, das unter einen Rettungsschirm schlüpfen musste.

Dabei gab es eine Alternative. Was die spanische Zeitung »El Pais« zuvor als Überlegung der Regierung in Madrid kolportiert hatte, klingt zu gut, um wahr zu sein. Danach hätte die Regierung den Kapitalhunger ihrer angeschlagenen Großbank Bankia und anderer Geldhäuser stillen können, indem sie neue Anleihen ausstellt und diese direkt als Eigenkapital in die Banken legt, ohne über den Kapitalmarkt zu gehen. Die Banken wären dabei ganz oder teilweise in Staatsbesitz übergegangen.

Der Charme des Modells besteht darin, dass die Regierung auf diese Weise den Schuldendienst zur Bedienung dieser Anleihen an sich selbst als Besitzerin der Bank leisten würde. Wenn sie dagegen die Anleihen am Kapitalmarkt platzieren würde, um mit dem eingenommenen Geld Banken zu rekapitalisieren, würde sie durch das zusätzliche Angebot an Anleihen deren Kurse noch weiter nach unten und spiegelbildlich die zu zahlende Rendite weiter nach oben treiben.

Es geht sogar noch besser. Mit der zusätzlichen Liquidität hätten die in Staatsbesitz übergegangenen Banken dem Staat einen Kredit geben können, sodass dieser noch weniger Geld am Kapitalmarkt hätte aufnehmen müssen. Der Staat, der wegen der Bedeutung der Banken für den nationalen Zahlungsverkehr ohnehin für deren Schulden haften muss, wäre auf diese Weise aus der negativen Rückkopplung ausgebrochen, in der er steckte. Denn weil die Investoren Zweifel an seiner Kreditwürdigkeit hatten, steigt die Rendite seiner Anleihen immer höher, was den Schuldendienst verteuerte und das Misstrauen weiter schürte. Der sinkende Wert der Anleihen (wenn der Anleihekurs sinkt, steigt die Rendite) wiederum belastete die Banken, die Haupthalter von Staatsanleihen.

Die üblichen Regeln verbieten es weder, Banken mit Staatsanleihen zu rekapitalisieren, noch die Kreditvergabe von Banken an Staaten. Doch die Europäische Zentralbank oder die EU-Kommission lassen so etwas nur zu, wenn es gerade zu ihren Plänen passt. Denn wenn ein Staat in einer Währungsunion das Privileg der Geldvermehrung per Kredit für sich in Anspruch nimmt, das eigentlich für die Banken vorgesehen ist, wollen andere Staaten der Union das auch tun dürfen. Aber wenn es alle täten, würden die Banken in die Röhre schauen und das ganze bankenfreundliche System wäre infrage gestellt.

Stimmt es, dass Zinsen von sieben Prozent für Spanien und Italien untragbar sind?

Es herrschte Alarmstimmung. Die Renditen, die Spanien für länger laufende Anleihen bieten musste, stiegen im Juli 2012 weit über sieben Prozent, die von Italien in die Nähe dieser Marke. Das wurde gemeinhin als für die betroffenen Regierungen nicht finanzierbar bezeichnet, weshalb die Politik fieberhaft nach einer Lösung suchte. Schließlich sorgte der Präsident der EZB, Mario Draghi, für Entspannung, indem er neue Käufe von Staatsanleihen der Krisenländer durch die EZB in Aussicht stellte. Die Panik bei Zinsen über sieben Prozent rief bei einigen, die sich an die Zeit vor der Währungsunion erinnern, ziemliches Erstaunen hervor.

Waren die Zinsen, die die Südländer auf ihre Staatsschuld entrichten mussten, nicht früher mindestens ebenso hoch? Das gilt selbst, wenn man die ehemals höhere Inflationsrate abzieht und den sogenannten Realzins betrachtet, auf den es eigentlich ankommt. Selbst Länder wie Deutschland hatten immer wieder Realzinsen von fünf Prozent, ohne dass die Katastrophe ausbrach. Alles nur Panikmache? Nein.

Der große Unterschied ist die Währungsunion, also die Tatsache, dass die Staaten heute keine eigene Währung mehr haben. Das ändert alles.

Früher waren tendenziell die Zinsen hoch, wenn die Wirtschaft gut lief und gingen zurück, wenn die Wirtschaft schlecht lief. Auf diese Weise fiel die Zinsbelastung des Staates, wenn seine Einnahmen konjunkturbedingt fielen.

Heute ist es eher umgekehrt. Wenn die Wirtschaft Spaniens schlecht läuft, wie derzeit, hat das keine nennenswerten direkten Auswirkungen auf die in Frankfurt von der Europäischen Zentralbank für alle Länder beschlossene Geldpolitik. Aber die Einnahmen der Regierung sinken, was die Anleihegläubiger nervös macht und die Ratingagenturen zu einer Absenkung der Bonitätsnoten animiert. Die Zinsen, die die Regierung bieten muss, steigen dadurch, und damit ihr Defizit. Wenn sie versucht, das Defizit durch Ausgabenkürzung einzudämmen, belastet das die Konjunktur weiter – ein Teufelskreis.

Spanien steht trotz der weit geringeren Staatsverschuldung noch schlechter da als Italien, weil das Land insgesamt in hohem Maße im Ausland verschuldet ist. Fast eine volle Jahreswirtschaftsleistung beträgt die Nettoauslandsverschuldung von Staat, Haushalten und Unternehmen. Wenn diese höhere Zinsen zahlen müssen, fließt dieses Geld in hohem Maße ins Ausland ab, was der Wirtschaft Kaufkraft entzieht und das Problem noch größer werden lässt.

Zwar kann es Zahlungsbilanzkrisen auch in Ländern mit eigener Währung geben. Aber bei einem Land ohne eigene Währung wissen die Finanzmarktteilnehmer schon wenn die Dynamik in Gang kommt, dass es keine automatischen Korrekturmechanismen gibt, sondern nur negative Rückkopplungen. Sie positionieren sich entsprechend und spekulieren auf die Zuspitzung der Krise, womit sie diese dann beschleunigen und verschärfen.

Nachwort: Wie lange lassen die Profiteure der Krise diese noch dauern?

Ein Arzt, der einen reichen Patienten gänzlich heilt, bringt sich selbst um eine Einkommensquelle. Ein Politiker wie Winston Churchill, den das Volk vor allem als begnadeten Kriegsherren ansieht, bringt sich um die Macht, wenn er einen Krieg erfolgreich beendet. Eine Margaret Thatcher, die angetreten war, die bei den Wählern zunehmend ungeliebten Gewerkschaften zu entmachten, wurde von der eigenen Partei ausgewechselt, als sie diese Aufgabe mit Bravour erfüllt hatte. Derartige Beispiele gibt es viele.

Alle, deren Macht darauf fußt, dass sie als besonders kompetent im Umgang mit einem schwerwiegenden Problem gelten, können aus solchen Beispielen die Maxime ableiten: Zeig immer wieder, dass du der oder die Richtige bist, um mit dem Problem umzugehen, aber schaffe das Problem auf keinen Fall aus der Welt.

Ein Ökonomenteam hat an einem praktischen Beispiel gezeigt, dass solche Überlegungen keine reine Theorie sind. Unter dem Titel »The Need for Enemies« haben sie das Verhalten der kolumbianischen Regierung unter dem konservativen Präsidenten Alvaro Uribe (2002 bis 2010) im Kampf gegen die linksgerichteten FARC-Rebellen untersucht. Sie stellten fest, dass die Regierung immer, wenn ihr ein großer Schlag gegen die Rebellen gelang, nicht etwa eine Großoffensive zu deren Vernichtung startete, sondern in ihren militärischen Anstrengungen nachließ, bis sich der Gegner erholt hatte.

Es lohnt sich vielleicht, unter diesem Blickwinkel die Euro-Krise zu betrachten, die uns seit Jahren begleitet, ohne dass ein Ende in Sicht käme. Dass die USA und Großbritannien keine Krise erleben, obwohl Staatsdefizit und Staatsverschuldung sich viel schlechter entwickeln als im Euroraum insgesamt, deutet darauf hin, dass die Krise lösbar wäre, wenn die mächtigsten Spieler dies wollten. Unter diesem Blickwinkel lautet die entscheidende Frage: Wer würde Macht verlieren, wenn sich die Euro-Krise in Wohlgefallen auflöste?

Es gibt Spieler, wie die Kanzlerin und den Finanzminister, bei denen die Interessenlage schwer auszumachen ist. Von Wolfgang Schäuble hat man immerhin Aussagen, wonach er den Nationalstaat für überholt und eine europäische Fiskalunion für erstrebenswert hält. Nur solange die Krise andauert, werden die nationalen Parlamente bereit sein, noch mehr Kompetenzen und Steuergelder an Europa abgeben und so seiner Zielvorstellung näher kommen.

Für den Fall, dass Schäuble in seinem europäischen Eifer nachlassen sollte, hat ihn US-Finanzminister Tim Geithner im Sommer 2012 sogar in seinem Sommerurlaub auf Sylt heimgesucht, bevor er sich mit EZB-Präsident Mario Draghi in Frankfurt traf.

Bei anderen Spielern ist es einfach, die Interessenlage abzuleiten, wenn man annimmt, dass jede Institution ihre Macht erhalten und mehren will. Die Bundesbank, die durch den Euro von der mächtigsten Institution Europas zu einer von vielen Mitentscheidern über die europäische Geldpolitik abgesunken war, hat im Zuge der Krise durch ihre kompromisslose Haltung – zumindest in der nationalen und internationalen Wahrnehmung – massiv an Einfluss gewonnen.

Noch viel größer, weil realer, ist der Machtzuwachs der Europäischen Zentralbank als Folge der Krise. Seit Gründung der EZB hat jeder ihrer Präsidenten jeden Monat längliche Passagen seiner monatlichen Pressestatements darauf verwendet, die Regierungen zu Steuersenkungen, Ausgabenkürzungen und einschneidenden Strukturreformen aufzufordern. Gemeint sind mit Strukturreformen Kürzung der Rentenansprüche, Abbau von Kündigungsschutz, Senkung der Löhne und Privatisierung von Staatseigentum. Lange konnte die EZB nicht viel mehr tun, als den deutschen Vorreitern dieser Politik und ihrer Agenda 2010 zu applaudieren und die anderen zur Nachahmung aufzufordern.

Die Euro-Krise hat der EZB die Macht gegeben, ihre politische Agenda durchzusetzen. Sie diktiert den Regierungen die

Bedingungen, zu denen sie bereit ist, deren Anleihen zu kaufen. Sie schreibt mit EU-Kommission und Internationalem Währungsfonds die Reformprogramme der Krisenländer und überwacht deren Umsetzung. Sie soll sogar die Aufsicht über alle Banken in Europa übernehmen. Kurz: Die Krise macht sie zur mit Abstand mächtigsten Institution in Europa.

Europapolitisch liegt die EZB voll auf Linie von Wolfgang Schäuble. Als Jean-Claude Trichet 2011, kurz vor Ende seiner Amtszeit als EZB-Präsident, den Karlspreis erhielt, wirkte seine Dankesrede noch avantgardistisch. Er forderte einen europäischen Finanzminister, der die Kompetenz haben sollte, die Budgethoheit von Ländern an sich zu ziehen, die nicht bereit oder in der Lage sind, die Verpflichtungen zum Schulden- und Defizitabbau zu erfüllen. Heute wirken solche Forderungen schon fast normal. Trichets Nachfolger Mario Draghi darf sogar offiziell an einem Plan für die Neugestaltung der EU mitschreiben.

Darin wird eine umfassende Abgabe von Kompetenzen in der Finanzpolitik, der Bankenaufsicht, der Einlagensicherung und von vielem mehr von den nationalen Stellen an EU-Behörden vorgeschlagen werden. Als demokratisches Feigenblatt muss das Europaparlament herhalten, oder ein eigens für den Euro-Raum geschaffenes Parlament.

Es wird einige Jahre dauern, bis die tiefgreifende Umgestaltung Europas nach dem Modell der Vereinigten Staaten von Amerika vollzogen und die Machtübernahme durch die Finanz-Technokraten in Frankfurt (EZB), Washington (IWF) und Luxemburg (ESM), sowie die EU-Kommission in Brüssel so fest verankert ist, dass sie sich in den Hintergrund zurückziehen und das Kleinklein des Tagesgeschäfts wieder den gewählten Politikern überlassen können. Bis dahin werden sie die Krise weiter auf mittlerer Flamme halten und sie immer wieder aufflammen lassen, wenn der europapolitische Reformwille zu erlahmen droht.

Stichwortverzeichnis